HAUER/ZULEHNER
AUFBRUCH IN DEN UNTERGANG?

Papst Innozenz III. sieht am Vortag des Besuchs den ihm unbekannten Franziskus im Traum, wie er mit seinen Schultern die einsturzgefährdete Lateranbasilika (damals Hauptkirche der römischen Christenheit) festhält und stützt (Quelle: Adolf Holl, Der Letzte Christ, dva Stuttgart, S. 89).
Fresko von Giotto in der Basilika (chiesa superiore) des hl. Franziskus in Assisi.

Nadine Hauer
Paul M. Zulehner

AUFBRUCH IN DEN UNTERGANG?

Das II. Vatikanische Konzil
und seine Auswirkungen

herder

Umschlaggestaltung: Susanne Redl
Satz und Druck: Ueberreuter, A-2100 Korneuburg
Bestellnummer: ISBN 3-210-24960-1

Vorbemerkung

Thema dieses Buches ist die heutige Bewertung des Konzils. Prof. Zulehner zieht ein kritisches Resümee, erhellt die Bedeutsamkeit der Ankündigung durch Papst Johannes XXIII. (1959), reflektiert die 25 Jahre seit der Beendigung (1965) und konstatiert aufgrund seiner jüngst erhobenen Zahlen (1990) einen „neuen Kirchenkurs" und gravierende Folgen. Abschließend zieht er „Erste pastorale Folgerungen". Seine Reflexionen zur Frage „Aufbruch in den Untergang?" sind auf den rechten Seiten dieses Buches abgedruckt.

Nadine Hauer machte zahlreiche Interviews mit prominenten kirchlichen Insidern aus Österreich, aber auch aus Deutschland (6) und aus der Schweiz (3), wobei sie Personen aus den verschiedensten Bereichen der Gesellschaft auswählte (Namensliste und kurze Personenangaben siehe auf Seite 117–119). Die Interviews finden Sie auf den linken Seiten dieses Buches.

Mit dieser Gegenüberstellung ist eine „Vernetzung" der verschiedenen Standpunkte möglich. Der Leser wird angeregt, die geäußerten Meinungen miteinander in Beziehung zu setzen, selbst Stellung zu beziehen und mit den deutenden Reflexionen Prof. Zulehners zu konfrontieren.

Inhalt

Inhalt

Vorwort

„Alle reden vom Konzil"

Diesen Titel gaben Peter Wesely und ich einer vierteiligen Rundfunkreihe anläßlich des 30. Jahrestages der Ankündigung des Zweiten Vatikanums im Jahr 1959. Was uns aufgefallen war: unabhängig davon, welche Position heute jemand in der Kirche oder ihr gegenüber vertritt – alle berufen sich auf das Konzil. Wie ist das möglich? Sind die Dokumente des Zweiten Vatikanums so mehrdeutig, daß man herauslesen kann, was man will? Sind alle Positionen darin vertreten? Wurden die Dokumente überhaupt gelesen?

Die Auswahl der Gesprächspartner – es waren über vierzig – erfolgte nach journalistischen Kriterien. Es sollten Personen sein, die, wo und in welcher Form auch immer, bis heute praktisch oder theoretisch kirchlich engagiert sind; und um die Stimmungsbilder möglichst farbig zu gestalten, sollten sie in den verschiedensten Bereichen des gesellschaftlichen Lebens verankert sein: Kirche, Politik, Wirtschaft, Wissenschaft und Medien – unter ihnen auch Protestanten, Gewerkschafter und Sozialisten.

Für dieses Buch habe ich Ergänzungen in zweifacher Hinsicht vorgenommen: Gesprächspartner in der BRD und in der Schweiz, und in Österreich Einzelgänger, die als militante Gegner der nachkonziliaren Zeit bekannt sind und von vielen entweder abgelehnt oder belächelt werden; die zweite Erweiterung entsprang dem Bedürfnis, ein möglichst breites Spektrum „einzufangen", vor allem auch dem Bedürfnis, extremere Positionen in fairer Form zu Wort kommen zu lassen.

Nun bin ich nicht nur Journalistin, sondern auch Politologin und in diesem Fachbereich eine Vertreterin der sogenannten „Politischen Psychologie". Für die Gestaltung meines Teiles war mir beides gleich wichtig. Die Dramaturgie entspricht eher der Form einer Rundfunksendung, die Auswahl der Zitate folgte nicht nur inhaltlichen, sondern auch sprachlich-kulinarischen Kriterien; dabei habe ich darauf Wert gelegt, den Sprachduktus meiner Gesprächspartner weitgehend beizubehalten. Als Politologin interessierte mich, wie ein nicht nur kirchenhistorisches Ereignis

Vorwort

Im Buch Genesis (Kap. 18) wird berichtet, daß Jahwe in der Gestalt von drei Personen bei Abraham und Sara zu Gast ist. Nach einem opulenten Mahl verheißt Jahwe den beiden alten Leuten das, was sie ein Leben lang vergeblich ersehnt haben: einen Sohn. Da lachte Sara (was dann dem doch ankommenden Sohn den Namen „sie lachte", das bedeutet Isaak, eintrug). Sie hielt es nicht für möglich, daß angesichts ihres Alters und ihrer Unfruchtbarkeit durch Gottes Verheißung das Unmögliche möglich werden sollte. Unsere Kirche in den ehedem christentümlichen Gesellschaften Europas ist alt wie Abraham und Sara. Aber auch sie trägt Gottes Verheißung in sich, daß aus ihr eine neue lebendige Gestalt hervorgehen wird.

Freilich, in der Kirche gibt es auch die Versuchung, der Verheißung Gottes nicht zu trauen. Wir meinen (gottlos), für den dauerhaften Erhalt der Kirche selbst verantwortlich sein zu müssen. Zudem verwechseln wir oftmals die Lebendigkeit der Kirche mit ihrer jeweiligen vergänglichen Gestalt. Wir sind besorgt, daß das Ende einer bestimmten Gestalt der Kirche das Ende der Kirche in Europa selbst bedeuten könnte. Also klammern wir uns an vergängliche Gestalten und verhindern so die Geburt einer neuen jungen Gestalt der Kirche, ihrer „Isaakgestalt". Wir wollen – biblisch gesprochen – Abraham und Sara am Leben erhalten, statt ihnen bei der verheißenen Geburt zu helfen.

Das Zweite Vatikanische Konzil war eine solche Kirchengeburt. Die Kirche sollte und wollte „zur Welt kommen", zu jener modernen Welt, der sie sich über zwei Jahrhunderte hinweg standhaft verweigert hatte. Die Kirchengestalt, die da-

wie das Zweite Vatikanum von Meinungsträgern beziehungsweise Meinungsmachern in ihrer jeweiligen Position wahrgenommen, reflektiert und weitergegeben wird. Und weiter interessierte mich, ob und wie diese „Eliten" die Stimmung und Einstellung einer breiteren Bevölkerung erkennen und beeinflussen können.

So unterschiedlich die Positionen, aber auch die einzelnen Gesprächspartner(innen) – es sind vier Frauen darunter – waren, gewisse Gemeinsamkeiten wurden doch deutlich: ein immer noch nicht überwundenes, parteipolitisches Denken auch in Kirchenfragen (in Österreich), deutlich spürbare Distanz im Wirtschaftsbereich, Skepsis bei der Wissenschaft und eine, besonders für Österreich charakteristische, Reduzierung auch welthistorischer Ereignisse auf den persönlich eingegrenzten Lebensbereich (wesentliche Dokumente wurden kaum wahrgenommen). Aber ebenso die Tatsache, daß einmal eingenommene Positionen auch bei „Eliten" nur in Audsnahmefällen relativiert oder gar verändert werden, und daß das Bedürfnis – oder die Fähigkeit –, sich mit widersprüchlichen oder der eigenen Ansicht widersprechenden Ansichten auseinanderzusetzen, äußerst gering ist.

Das gilt übrigens für die „Konservativen" ebenso wie für die „Fortschrittlichen". Im Laufe der Gespräche wurde für mich auch immer deutlicher, daß die Auseinandersetzungen um das Zweite Vatikanum und seine Folgen sowie das Klima in der heutigen österreichischen Kirche durchaus der allgemeinen politischen Kultur in Österreich (Unfähigkeit zum Dialog beispielsweise) entspricht. So manches hätte, weil sicht- und hörbar, wenn schon nicht verhindert, so doch abgeschwächt werden können. Aber warum sollte die politische Kultur ausgerechnet im Kirchenbereich anders sein als die in der gesamten Gesellschaft?

Es gibt aber durchaus auch Gemeinsamkeiten, die zur Hoffnung berechtigen (könnten).

Ob „pro" oder „kontra", zufrieden oder enttäuscht – von ganz wenigen (erstaunlichen) Ausnahmen abgesehen, besteht ein Konsens darin, daß dieses Konzil eine Zäsur in der Kirchengeschichte war. Nicht theologisch – Glaubensfragen oder gar Dogmen waren nicht Inhalt des Zweiten Vatikanums –, sondern gesellschaftspolitisch und psychologisch. Jahrhundertelange Erstarrung, vor allem im Denken und in der Einstellung zur Welt (außerhalb der Kirche), hatte nun als Möglichkeit ihr Ende gefunden. Der Sturz von Mauern, politisches Symbol des Jahres 1989, „Perestroika" und „Glasnost" waren in diesem Konzil gedanklich bereits vor 25 Jahren grundgelegt worden. Ist dabei der Gedanke ganz auszuschließen, daß hier, zumindest für Europa, auch die großen Bewegungen des Jahres 1968 „vorausgeahnt" wurden?

mals „geboren“ wurde, ist geschichtlich gesehen auch heute noch sehr jung. Sie hat ihre wahre Schönheit und Stärke längst nicht erreicht. Doch scheint es heute eine lautstarke und machtvolle Minderheit in der Kirche zu geben, die der Auffassung zuneigt, dieses „Kind“ sei gar nicht gesund, sondern sei ein behindertes Kind. Ohne Bild: Sie sind mit dem Konzil oder zumindest mit seinen Folgen nicht einverstanden. So versuchen sie, der Entwicklung eine neue Richtung zu geben. Restaurative Tendenzen sind unübersehbar und werden autoritär durchgesetzt. Zwar behaupten diese Kreise, nicht gegen das Konzil zu sein, aber ihr undialogischer, intransparenter, machtdurchsetzter Handlungsstil ist eindeutig gegen das Konzil, seine Beschlüsse und seine Intentionen.

Natürlich blieb diese junge kirchengeschichtliche Entwicklung nicht ohne Widerspruch. Viele verteidigen das Konzil. Sie fordern die entschlossene Fortsetzung seiner Reformpolitik. Gegen restaurative Tendenzen wehren sie sich: als einzelne, in Gruppen und Organisationen. Deren Namen sind wesentlichen Elementen des konziliaren Kirchenverständnisses entnommen: „Kirche ist Gemeinschaft“, „Kirche sind wir alle“. Nicht selten wird, in Anlehnung an die sanfte November-Revolution in der ehemaligen DDR der Ruf laut: „Wir sind das Volk“. Wem an der Kirche liegt, kann nicht übersehen, daß sich in diesen Gruppen und Bewegungen eine leidgetränkte Liebe zur konkreten Kirche äußert. Es ist eine Liebe, die der Kirche eine neue Lebendigkeit zutraut, nicht durch unser Tun, sondern durch Gottes Verheißung.

Inmitten der Auseinandersetzungen kündigt sich aber eine andere Entwicklung an. Sie hängt zusammen mit einem sich ausbreitenden Gefühl, daß gegen die Macht der restaurativen Minderheit in der Kirche nichts zu machen sei. „Am Ende tun sie doch, was sie wollen“, stellen viele resigniert fest. Das Gefühl der Ohnmacht wird zunehmend stark. Zudem kann niemand über längere Zeit im Widerstand leben. Die katholischen Machtstrukturen sind lebensfähiger als der unstruktu-

Erfreut oder erschreckt bezeichneten meine Gesprächspartner das Zweite Vatikanum mit Worten wie „Aufbruch“, „radikale Veränderung“, „Gebrochene Dämme“, „Freigabe von Denken und Phantasie“ und „Möglichkeit zum offenen Wort“.

Daß die Auseinandersetzung um dieses Konzil mit allen Pendelbewegungen bis heute anhält, beweist, daß hier Großes in Bewegung geraten ist – oder geraten sein könnte. „Vieles läßt sich nicht zurückdrehen“ – auch diese Meinung überwiegt. Und auch, daß vieles, was in diesem Konzil an Möglichkeiten vorhanden ist, noch lange nicht realisiert worden ist. Wäre es nicht sinnvoller, diese Möglichkeiten auszuschöpfen, statt wie das Kaninchen vor der Schlange gebannt auf die Blockierer zu blicken? Es scheint aber auch, daß vielen die Chancen, die das Konzil eröffnet hat, noch mehr Angst machen als die altbekannte Starrheit. Freiheit gegen Geborgenheit? „Weide“ gegen „Stall“?

Die gesellschaftspolitische Bedeutung des Zweiten Vatikanums wurde in den (meistens einstündigen) Gesprächen noch durch weitere Aspekte deutlich. Zum einen durch die konkreten Erfahrungen Johannes XXIII. vor und nach dem Zweiten Weltkrieg, die in dem Historiker Roncalli zu dem Bewußtsein führten, daß eine Erneuerung der Kirche notwendig geworden war. Zum anderen aber auch durch die Betroffenheit großer katholischer Denker (in Österreich unter anderen Karl Rahner, Friedrich Heer, Ferdinand Klostermann) darüber, daß die Kirche den Diktaturen des 20. Jahrhunderts – Faschismus, Nationalsozialismus und Stalinismus – offensichtlich nicht gewachsen war und auch ihre Gläubigen nicht daran hindern konnte, einem falschen „Messias“ nachzulaufen.

Daß so manches, was Johannes XXIII. und seine „Anhänger“ in diesem Konzil gerne verwirklicht gesehen hätten, vor allem im strukturellen Bereich, nur zu einem (manchmal halbherzigen) Kompromiß geraten ist, hatte ebenfalls politische Gründe: „Reformer“ mußten sich mit „Macht(er)haltern“ arrangieren, und um nichts anderes geht es heute auch in der österreichischen Kirche.

Auf dem Konzil haben sich die Reformer in wesentlichen Punkten schließlich durchgesetzt.

Daß verschiedene, heute immer brisanter werdende Fragen auf dem Konzil zwar aufgeworfen, letztlich aber weggeschoben wurden (Frauen, Zölibat usw.), hat zweifellos auch damit zu tun, daß eine fast zweitausend Jahre alte Institution wie die Kirche bei aller Reformwilligkeit durch Jahrhunderte gewachsene Mauern

rierte Widerstand gegen ihren Mißbrauch. Die Folge ist, daß nach außen hin Ruhe in die Kirche einkehrt. Aber es ist nicht die Ruhe des Friedens, sondern des Friedhofs. Die Leute haben eben den Widerstand satt und kapitulieren vor dem feudal-autoritären Machtstil mancher Amtsträger, der mehr an das „Schloß“ von Franz Kafka erinnert als an die Leit-Bilder des Evangeliums über die Ausübung von Autorität (vgl. Lk 22,24–27; Joh 13; Phil 2,5–11). Der Widerstand geht dann in Resignation über. Sie ziehen sich zurück: nach innen, oder sie verlassen formell die Gemeinschaft der Kirche: sie gehen.

Eben das zeigt aber, daß viele die entscheidende Botschaft des Zweiten Vatikanischen Konzils nicht verstanden haben. Man kann nicht unter Berufung auf das Konzil jene Kirche verlassen, der uns Gott urpersönlich „hinzugefügt“ hat (Apg 2,47), damit das Volk Gottes in der Welt von heute leben und wirken kann. Ich gestehe, daß ich auch am Auszug vieler leide. Vor allem bedauere ich den durch den „neuen Kirchenkurs“ verschuldeten Auszug vieler Gebildeter aus der katholischen Kirche. Gerade diese bitte ich, die Kirche nicht zu verlassen, winterliche Zeiten eher standhaft auszusitzen und jene Bereiche der Kirche lebendig zu erhalten, zu denen schlechte Amtsträger keinen Zugriff haben: das eigene Herz, die kleinen Gemeinschaften, die Gemeinden, die Gruppen und Organisationen. Was wir also brauchen, ist die Tugend der Hypomoné, des Ausharrens in guten und bösen Tagen unserer kirchlichen Gemeinschaft. Und wenn jemand fühlt und meint, zur Zeit seien es böse Tage, dann kann er gerade in diesen seine Treue zum heiligen Volk Gottes erweisen, dem Gott sie/ihn einzig aus gnadenhafter Erwählung hinzugefügt hat.

Ein Moment an diesem treuen Ausharren im Volk ist auch der Versuch, jene Kirchenpolitik verstehen zu lernen, die man nicht teilt und nicht unterstützen will, sondern die man erleidet. So gilt es beispielsweise, „Rom verstehen zu lernen“, die guten Absichten unseres gemeinsames Papstes, die

nicht so leicht überspringen kann. Daß aber gerade in diesen Bereichen die Kluft zwischen Bevölkerung und Kirche immer größer wird, beweist, daß der „Geist des Konzils“, der echte Dialog (im Sinne Martin Bubers), nach wie vor und berechtigter denn je Orientierung sein kann, soll und muß.

Nadine Hauer

Intentionen der von ihm uns vorgesetzten „neuen Bischöfe“. Wer die Zusammenhänge besser versteht, wer die Angst um die Kirche erfühlt, die sich durch die fragwürdige Kirchenpolitik hindurchzieht, wird dann auch leichter vermögen, den Widerstand nicht gegen Personen, sondern gegen Entwicklungen zu richten. Es darf kein Zweifel bestehen, daß den Personen und ihrem Amt grundsätzlich Ehrfurcht und Gehorsam gezollt werden: Allerdings nicht sündhaft-blinder Gehorsam, sondern kritisch-loyaler, der die in der Kirchenberufung gegebene Verantwortung für das Wohl und Wehe der Kirche nicht vernachlässigt. Eben im Rahmen dieser Verantwortung aller für das Leben und Wirken der Kirche fordert auch das Neue Kirchenrecht die Gläubigen auf, den Hirten und der Öffentlichkeit Mitteilung zu machen, wenn ein Kirchenmitglied etwas entdeckt, was der Kirche zum Schaden gereicht (CIC 212, §3).

Mit solchen Vorüberlegungen ist der Rahmen des vorliegenden Buches über das Konzil und seine Auswirkungen abgesteckt. Es gilt, die Entwicklung besser zu verstehen, um auch angemessener handeln zu können. Vor allem aber soll die Kirchenberufung derer, die in sich begründete Fluchttendenzen verspüren und ‚von Resignation umlagert‘ sind, gefestigt, leidensfähiger ,und kampffester werden.

Paul M. Zulehner

1. Kommt die Kirche zur Welt?

Ankündigung des Konzils

„Als das Konzil am 25. Jänner 1959 von Johannes XXIII. angekündigt wurde, da war ich zufällig in Rom. Der Papst hat angekündigt: die Reform des Kirchenrechts, eine Diözesansynode und ein Konzil. Und im vatikanischen Pressesaal hat keiner reagiert. Es hat also nicht eine Schrecksekunde, sondern einige Minuten gedauert, bis einem endlich auffiel: ein Konzil! Was ist denn das?" *(Dorn)*

„Auf jeden Fall war das Konzil ein Kind von Johannes XXIII., und ich bin der Meinung, daß kaum ein anderer Papst es gewagt hätte, das Konzil einzuberufen. Dazu gehörte ein Mann mit dieser Unbekümmertheit von Johannes XXIII. Papst Pius XII. hatte ja auch schon mit Vorbereitungsarbeiten für ein Konzil begonnen, hatte auch schon interne Kommissionen eingesetzt, aber er kam schließlich zur Überzeugung, daß die Zeit noch nicht reif ist. Er hatte Angst, aber Johannes XXIII. hat einfach gehofft, daß das irgendwie läuft. Außerdem gingen ihm viele Verhaltensweisen der römischen Kurie ungeheuer auf die Nerven, vor allem die ganze Ketzerriecherei, und man hatte immer den Eindruck, daß er sich sagte: ich komme da allein nicht durch, da muß mir ein Konzil helfen. Und er hoffte, daß sich die Bischöfe auf seine Seite stellen – was dann ja auch geschehen ist. Gleichzeitig war er in seiner ganzen Art zu denken und sich zu verhalten im Grunde ein ungeheuer konservativer Mensch. In seiner Theologie und in seinen Frömmigkeitsformen, da war er ein traditionsverhafteter italienischer Katholik." *(Pater Seibel)*

„Ich war damals während meines Jusstudiums in den Ferien in Rom als Fremdenführer tätig, und zu meinem prägendsten Erlebnis gehört es noch immer, wie uns beim Gang über den Petersplatz ein kleiner dicklicher Mann entgegenkam und mit uns zu plaudern begann – das war Papst Johannes XXIII. Das war etwas Ungewöhnliches für jemanden, der unter Pius XII. seine Jugendjahre verlebt hatte und daher auch einen anderen Eindruck vom Papsttum hatte. Vieles, was dann passiert ist, ist bei mir emotionell mit diesem quirligen kleinen Mann verbunden." *(Fahrnleitner)*

1. Die Kirche konnte/wollte nicht zur Welt kommen

Die Neuzeit mit ihrer sozialen, wirtschaftlichen und politischen Errungenschaft verdankt sich nicht der katholischen Kirche. Vielmehr konnten sich die meisten modernen Entwicklungen nur gegen ihren massiven Widerstand durchsetzen: die demokratische Ordnung, die individuellen Menschenrechte, darunter die Religionsfreiheit.

Für den hartnäckigen jahrhundertelangen Widerstand des Katholizismus gegen die Moderne gibt es plausible Gründe. Die „alte", mittelalterliche Welt war christentümlich. Die Kirche zählte zu ihren Baumeistern und Erhaltern. Sie genoß dafür freilich auch privilegierte Positionen. Keine mächtige Organisation räumt solche Positionen freiwillig, schon gar nicht dann, wenn die „neuen" Positionen mit ihren Vorstellungen vielfach unvereinbar scheinen.

Damit war eine Entwicklung vorgezeichnet, die man heute mit Fug und Recht als „Schisma" zwischen Kirche und Welt, als Verhältnislosigkeit, als Spaltung beschreiben kann. Die Kirche, von den Machthabern und Denkern der „neuen Zeit" heftig angegriffen und oftmals unverhohlen in ihrer Existenz bedroht, igelte sich in einer geistigen Festung ein. Bildlich: Hohe Mauern wurden um die katholische Kirche herum errichtet. Innerhalb der Kirche gab es – charakteristisch für Zeiten äußerer Bedrängnis – ein hohes Maß an Geschlossenheit. Bis in die Lieder hinein bestimmten solche Kirchenbilder das innerkirchliche Bewußtsein: Das „Haus voll Glorie" wurde besungen: aber es stand nicht im Land der Welt, sondern schaute in dieses lediglich von der Ferne hinein, „weit über alle Land".

„Ich pflegte zu sagen, auf einen dünnen Papst kommt ein dicker, auf einen dicken muß wieder ein dünner kommen. Der dicke läßt die Leute viel zu sehr ihren Lauf gehen, der dünne zieht die Zügel wieder straff an. Der Wechsel muß sein. Nach Pius XII. war ein Wechsel nötig, es mußte ein neuer Stil kommen, eine neue Persönlichkeit, die das alte Schiff wieder flottmacht. Und das ist ja mit Johannes XXIII. in einer Weise geschehen, wie man es sich nicht großartiger vorstellen konnte." *(Roegele)*

Das Zweite Vatikanische Konzil ist offensichtlich von Papst Johannes XXIII. nicht zu trennen – zumindest was die Einberufung und den Beginn dieses Ereignisses betrifft, von dem viele behaupten, es wäre nicht nur kirchengeschichtlich ein Jahrhundertereignis gewesen. *Kardinal Franz König*, zum Zeitpunkt der Ankündigung bereits Ezbischof von Wien und später Mitglied der Vorbereitungskommission zum Konzil, erinnert sich an eine Erzählung von Papst Johannes XXIII.:
„Am Beginn der Woche vor der Ankündigung des Konzils – es war die Gebetswoche für die Einheit der Christen –, sei ihm der Gedanke gekommen, man müßte doch wieder einmal ein Konzil der Gesamtkirche einberufen. Aber er sei über diesen Gedanken erschrocken, weil er sich sagte, daß das bei der Größe der Kirche gar nicht mehr möglich wäre, daher könne das nur der Gedanke eines bösen Feindes sein. Darauf habe er sein Gebet verstärkt, um sich Klarheit zu verschaffen, aber der Gedanke kam immer stärker: ein Konzil wäre doch von großer Bedeutung für die Gesamtkirche und für die Christenheit überhaupt. Und am Schluß habe er sich gedacht: Ich habe gebetet und versucht, mir Klarheit zu verschaffen, das kann also doch kein Gedanke sein, der vom Bösen stammt, sondern ein Gedanke, der mir von oben eingegeben worden war. Und dieser Gedanke war die Ursache, warum er so überraschend, kaum abgesprochen mit anderen, die Ankündigung vorgenommen hat."

Zweifler meinen, Johannes XXIII. habe die Idee zum Konzil nur deshalb nicht mit anderen abgesprochen, weil er – nicht zu Unrecht – befürchtete, man würde versuchen, ihn davon abzubringen; die bösen Feinde wären also recht real gewesen. Diese Zweifler zählen eine Reihe von Argumenten auf, die den Schluß zulassen, der Gedanke von oben hätte auch handfeste Gründe gehabt. Der Schweizer Pfarrer *Adolf Fugel* äußerte sich dazu eher humoristisch:
„Ich glaube nicht, daß Johannes XXIII. einen schlechten Traum hatte und plötzlich sagte, er müsse nun ein Konzil einberufen. Das werde ich ihn im Himmel einmal fragen."

Andere aber verweisen auf die Lebensgeschichte von Papst Johannes XXIII.:

Das Ergebnis dieses erzwungenen und zugleich aus vermeintlichen Überlebensnotwendigkeiten gewählten „Weltexils“ der katholischen Kirche war bewunderungswürdig wie tragisch zugleich. Die Kirche war eben im doppelten Sinn dieses Wortes „geschlossen“: innerlich zusammenhaltend und nach draußen abgedichtet. Mit aller Macht wurde verhindert, daß die „neue Welt“, ihre Art zu denken und das Leben zu stilisieren, in das Haus der Kirche eindringen konnte.

Diese Abgrenzungspolitik der katholischen Kirche zur modernen Welt wurde allerdings von einzelnen Kirchenmitgliedern, Laien, Priestern, Theologen, vereinzelt sogar von Bischöfen, mit zunehmender Deutlichkeit in Frage gestellt. Sie sahen es als tragisch an, wenn das Salz nicht in der Suppe ist, die Kirche also den Gang der modernen Welt nicht mitgestalten konnte. Sie sahen deutlich, daß die beklagte „Säkularisierung“ auch damit zusammenhing, daß sich die Kirche in die Gestaltung der säkularen Welt eben nicht „einmischte“. So versuchten sie, an verschiedenen Stellen der Kirchenfestung die Hängebrücken herabzulassen. Sie griffen Überlegungen der modernen Gesellschaft auf, bedachten sie und fanden in diesen durchaus Begrüßenswertes. So wurde die Auseinandersetzung mit modernen Philosophien begonnen, was wegen der zentralen Bedeutung der Philosophie auch Rückwirkungen auf die Theologie haben mußte. Andere begannen, wiederum aus der klaren Erkenntnis, daß das Salz in die Suppe hinein müsse, mit der gewerkschaftlichen oder politischen Organisierung von Katholiken: Dabei waren die Konflikte mit der Hierarchie der Kirche vorprogrammiert. Sollten die Katholiken mit anderen weltanschaulichen Gruppen eigenständig und pragmatisch-flexibel zusammenarbeiten? Sollten sie als verlängerter Arm der Bischöfe und insbesondere getreulich den überkommenen Handlungsmustern handeln (müssen)?

Die Antwort der Kirchenführung ließ nicht auf sich warten. Die Brückenbauer wurden gemaßregelt, heruntergelassene

„Johannes XXIII. war sehr beeinflußt von dem sozial engagierten Bischof Radini Tedesci, der sich auch in Arbeiterfragen und bei Streiks engagiert hat und zu Pius X. in Konflikt geraten ist. Als Sekretär von Tedesci war er auch von den französischen Theologen beeinflußt." *(Mario von Galli)*

„Johannes XXIII. war Historiker und hatte einen außerordentlichen Sinn für Geschichte und daß die Kirche darauf antworten müsse. Die zwei Weltkriege, den Nationalsozialismus, den Faschismus und die Judenverfolgung hat er als Herausforderung gesehen und gemeint, die Kirche könne nicht so tun, als ob das alles nicht passiert wäre, und eine Art zeitloser Wahrheit verkünden. Es gibt ja Vermutungen, daß seine Versetzung nach Bulgarien damit etwas zu tun hatte, daß er gegen den Faschismus war. Dort hat er die Judenverfolgung erlebt, er hat sich auch für Juden eingesetzt und hat auch die Flüchtlinge im Krieg gesehen. Und später in Frankreich hat er die Arbeiterpriester kennengelernt. Und weil er einen außerordentlichen Sinn für Geschichte hatte, hatte er durchaus auch einen Sinn für Politik." *(Kaufmann)*

Der zeitgeschichtliche Hintergrund für das II. Vatikanum, wahrscheinlich auch für die Entscheidung von Papst Johannes XXIII., wird auch von österreichischen Theologen in verschiedenen Facetten hervorgehoben:

„Das Konzil ist ja nicht so unvermittelt in die Kirchengeschichte eingetreten, wie manche es in einer Legende über Johannes XXIII. zu berichten wissen. Gerade auch in Österreich hat sich ja sehr viel über die Jugendbewegung, über die liturgische Bewegung und über Pius Parsch vorbereitet. Aber es ist sicher, daß diese kirchlichen Erneuerungsbewegungen – vor allem in deutschsprachigen Gebieten – während der nationalsozialistischen Unzeit einen wesentlichen Beitrag zur Neubesinnug der Kirche auf ihre verlorenen, manchmal vergessenen Tiefen geleistet haben. Ich glaube, daß es nicht zufällig ist, daß sich die Menschen, die an Jesus Christus glaubten, aber während des Nationalsozialismus in der Öffentlichkeit wenig Lebensraum hatten, um die Altäre gesammelt haben. Daß sich gerade von den Altären, also von der Mitte des christlichen Lebens her, eine Erneuerung der Gestaltung des Lebens der Kirche eingestellt hat. Auch die Konzilsdekrete beginnen mit der Liturgie, und die übrigen Dekrete haben sich um dieses Herzstück, um Quelle und Höhepunkt christlichen Lebens – wie das Konzil in diesem Dekret selbst sagt –, dann gleichsam wie Satelliten angesiedelt. Insofern ist die Vermutung durchaus begründet, daß die Erfahrungen des Untergrundes in der nationalsozialistischen Unzeit die Kirche ermutigt haben, eine Gestalt zu finden, wo sie auch in nicht kirchenfreundlichen Zeiten und Gesellschaften den ihr von Gott

Brücken hochgezogen. Neuerliche Versuche, sich mit der modernen Welt einzulassen, sollten durch den Antimodernismuseid und diesem zuzuordnende Verurteilungen zumal von Theologen vorbeugend vereitelt werden. Die Kirche sollte und wollte „nicht zur Welt kommen“.

Die Geburtsstunde

Die selbstgewählte Absonderung der katholischen Kirche von der modernen Welt, die – gerechnet von der französischen Revolution im Jahre 1789 an – fast zweihundert Jahre währte, kann wie eine langdauernde Risikoschwangerschaft angesehen werden. Die heftigen Auseinandersetzungen im Rahmen des Modernismus waren arge Schwangerschaftskrisen. Zugleich gab es vor dem Konzil aber auch Aufbruchbewegungen, Wehen, in denen sich die bevorstehende Geburt abzeichnete. Zu diesen Bewegungen zählen: die Jugendbewegung, dazu die Bibelbewegung sowie die liturgische Bewegung. Die leidvollen Erfahrungen der nationalsozialistischen Unzeit zwangen zudem die Katholiken, sich rund um die Altäre zu sammeln. Aus der innersten Mitte des christlichen Glaubens heraus konnte die katholische Kirche so sehr lebenskräftig werden, daß sie sich gegen eine Welt-Geburt nicht mehr wehren mußte. Zudem war, um noch im Bild zu bleiben, eine längere Schwangerschaft auch gefährlich. Die Kirche mußte nun zur Welt kommen, wollte sie nicht im selbstgewählten „Weltexil“ in eine Überlebenskrise geraten.

Der Geburtshelfer Johannes XXIII.

Dieses Gefühl mußte wohl Johannes XXIII. aus vielfältigen persönlichen Kirchenerfahrungen motiviert haben. Es machte ihn zu einem vorzüglichen Geburthelfer. Dank des von ihm einberufenen Konzils konnte die katholische Kirche „zur Welt kommen“.

gegebenen Auftrag einigermaßen erfüllen kann. Das hat nun mit dem Konzil einen kirchenpolitisch begründeten Hintergrund bekommen. " *(Zulehner)*

„Gerade im Zusammenhang mit den Kriegserfahrungen hat es ganz wichtige Lernerfahrungen gegeben. Zum Beispiel im Feld oder in den Kriegsgefangenenlagern: da wurden selbstverständlich ökumenische Gottesdienste und ökumenische Eucharistiefeiern abgehalten, einfach aufgrund der Notwendigkeit. Wenn kein katholischer Pfarrer anwesend war, dann waren die Katholiken froh, daß ihnen ein evangelischer das Abendmahl gereicht hat." *(Dantine)*

„Die Kirche konnte nach der schrecklichen Zeit des Krieges und des Holocaust zwar Bekennertypen aufzeigen, zu denen sie allerdings in der Zeit der Prüfung nicht immer gestanden ist. Da haben doch viele gedacht, daß die Kirche nicht ganz glaubwürdig ist, weil sie doch mit der Macht mitgeschwommen ist. Das hat eine riesige Gewissenserforschung – zumindest in den Köpfen der leitenden Männer der Kirche – ausgelöst, wenn sie es auch nicht offen ausgesprochen haben. Aber man mußte doch wirklich Antwort geben: Was für ein Gott ist der, der so viele Millionen zugrunde gehen läßt? Was für ein Christentum ist das, das so ein Ereignis nicht verhindern konnte? Es war eine große Erkenntnis, auch die große Enttäuschung bei vielen, als man erkannt hat, daß gerade die autoritäre Gehorsamserziehung, die man in die Katholiken hineinerzogen hat, dabei eine wesentliche Rolle gespielt hat, daß dieses Verhaltensmuster auf Hitler übertragen wurde und daß aufgrund dieses Autoritätsmusters die Katholiken – ungefragt und auch unreflektiert – hineingeschlittert sind. Deshalb wurde dann auf dem Konzil und in der neuen Moraltheologie das Gewissen so betont." *(Schermann)*

Aber auch die jahrhundertelange Verbindung von Kirche und Staat – sicher auch ein wichtiger Aspekt der österreichischen Geschichte –, die im 20. Jahrhundert ihren negativen Höhepunkt gefunden hat, scheint mit dem Zweiten Vatikanum und Johannes XXIII. eng verknüpft zu sein.

„Was meines Wissens sozialhistorisch und religionssoziologisch noch nicht aufgearbeitet ist, ist der kirchliche Parallel- und Konkurrenzfaschismus. In den Zwanzigerjahren beginnt, immer mit primärer Blickrichtung auf Italien, unter Pius XI. die Katholische Aktion als autoritäre, straff geführte Hilfsorganisation. Dabei ist die Parallele zu faschistischen Organisationen auffallend. Es beginnt ein neuer Kult – der Christkönigskult –, das Chistkönigsfest wird mit dem Slogan "Christus unser Führer" eingeführt. Hier wird deutlich, daß die Kirche, wenn man so will, in der Annahme,

Was wir hier mit einem so lebensnahen Bild vom „zur Welt kommen“ der Kirche, also zum Eintreten in die moderne Welt auf den Begriff bringen, war ein inhaltsreicher Vorgang. Die Themen lagen auf der Hand, sie schlugen sich auch in den großen Konzilsdekreten nieder.[1]

Dem zentralen Thema des Konzils, nämlich der Neubestimmung des Verhältnisses der Kirche zur innerkirchlich meist schlecht gemachten Welt ist das bedeutsame Dokument „Gaudium et spes“ gewidmet. Wider die Unglückspropheten, die der Konzilspapst Johannes in seiner Eröffnungsrede[2] scharf geißelte, sieht dieser Beschluß, ohne blauäugig zu werden, in der modernen Geschichte auch wichtige Aufbruchbewegungen: der unterdrückten Völker, der Arbeiter. Mit einem Schuß Selbstkritik wird betont, daß die Kirche diesen nicht immer förderlich war, sondern allzu oft hemmend im Wege gestanden war. Weltoptimismus und Schuldbekenntnis liegen deshalb nahe beisammen. Bei all dem wird auch nicht mit liebevoll-besorgter Kritik an der Welt gespart: an der Hochrüstung, an der ungerechten Verteilung der Lebenschancen. Aber der Grundton des Dokuments ist unverkennbar und kommt zudem aus einer spirituellen Tiefe. Wenn Gott diese seine Welt liebt, ja für sie in den Tod gegangen ist, dann kann das nicht vergeblich gewesen sein. Sein Heiliger Geist wirkt auch zur Stunde, und dieses Wirken in der Zeit, an ihren „Zeichen“ zu erkennen, war ein folgenreicher Auftrag des Konzils an die ganze Weltkirche.

Um auf dem Weg in die moderne Welt und zum erwünschten kritischen Dialog mit ihr besser gerüstet zu sein, mußte das Konzil auch die Kirche, ihr Selbstverständnis und die

[1] F. König, Erinnerung an das Zweite Vatikanische Konzil, in: Korrespondenzblatt des Canisianums 121/2, Innsbruck 1987/88, 1–10.

[2] L. Kaufmann u. a., Johannes XXIII. Prophetie im Vermächtnis, Fribourg 1990. – Nikodim, Metropolit von Leningrad und Nowgorod, Johannes XXIII. Ein unbequemer Optimist, Zurück 1978, 372–381. – M. v. Galli u. a., Das Konzil und seine Folgen, Luzern 1967, 1229.

daß Faschismus Zeitgeist ist, einen eigenen Zeitgeist entwickelt. Es beginnt die Uniformierung der Formationen der Katholischen Aktion, der Gleichschritt, das Marschtempo der Katholischen Jugend. Dieser Konkurrenzfaschismus kirchlicher Art bedeutet ja, daß wesentliche Formen und Inhalte faschistischen Denkens von der Kirche voll akzeptiert worden sind. Und hier ist das Zweite Vatikanum zwar nicht unbedingt das historische Ereignis, aber die Aufbrüche, die damit zusammenhängen, sind sehr einprägend. Wenn man sich vergegenwärtigt, daß es noch in den 50er-Jahren keine Schwierigkeit für die katholische Kirche in der Erzdiözese Wien war, am Bekentnnistag der Katholischen Jugend einige Zehntausend in Weißhemden im Gleichschritt über die Ringstraße ziehen zu lassen, so ist das in den Sechzigerjahren schon nicht mehr möglich. Mit einer gewissen Phasenverschiebung kommen die Formen des Pluralismus der bürgerlichen Demokratie, liberaler bürgerlicher Verfaßtheit in die Kirche hinein und lösen die Formen des Konkurrenzfaschismus ab." *(Pelinka)*

Was auch immer die Beweggründe für Papst Johannes XXIII. für die Einberufung des Konzils gewesen sein mögen – klare Vorstellungen dürfte er dabei nicht gehabt haben.

„Johannes XXIII. hat gemeint, das Konzil würde in drei Monaten abgeschlossen sein, er ging also mit völlig falschen Vorstellungen an die Dinge heran. Am Anfang wußten, glaube ich, auch die wenigsten Bischöfe, was dabei herauskommen wird. Deshalb ist es auch völlig falsch zu sagen, Johannes XXIII. hat das Konzil in einer bestimmten Weise gewollt. Das Konzil ist eine Sache in sich, dort haben sich die Gedanken erst entwickelt." *(Dorn)*

Das ändert allerdings nichts an der Tatsache, daß die am Konzil entwickelten Gedanken (Kirchen-)Geschichte gemacht haben.

Was geschah auf dem Konzil?

Wie so oft, wurden die wesentlichen Aussagen von vielen entweder kaum registriert, rasch vergessen oder als nicht naheliegend, nicht konkret genug abgetan.
Das Wesentliche stand am Beginn – in der Eröffnungsrede Papst Johannes XXIII. – und fand seinen Höhepunkt in „Gaudium et Spes".

„Das Konzil begann am 11. Oktober 1962 mit einer großen Rede von Papst Johannes XXIII. In dieser aufsehenerregenden Ansprache hat er zunächst einmal davor gewarnt, sich so zu verhalten, als habe sich in der Geschichte alles nur zum Schlechten verändert. Er hat die Bischöfe darauf aufmerksam gemacht, sich

diesem entsprechenden Handlungsweisen überdenken.[3] Dabei nahm es in erster Linie nicht Maß an der Welt, sondern an den eigenen Ursprüngen der Kirche: an der heiligen Schrift, an der Tradition über die Kirchenväter herauf, an Quellen also, die lange Zeit im kirchlichen Denken, vorab in der Schultheologie, in Vergessenheit geraten waren. Für die Vorbereitung der Kirche auf ihrem risikoreichen und mutigen Weg in die moderne Welt wurden mehrere Dokumente verabschiedet: die dogmatische Konstitution über die Kirche, die Dekrete über die heilige Liturgie und das Wort Gottes. Und weil die Kirche ahnte, daß die Christen ihren Auftrag in der modernen, von der Kirche abgewandten Welt nur so glaubwürdig und wirksam erfüllen können, öffnete sie sich auch den anderen christlichen Konfessionen, die sie nunmehr begann, Schwester-Kirchen zu nennen.

Es war ein unglaublicher Aufbruch, den ich selbst als Theologiestudent im internationalen Weltpriesterkolleg Canisianum in Innsbruck miterleben konnte, begleitet von den großen Konzilsberatern Josef Andreas Jungmann oder Karl Rahner, nicht weniger aber auch von seinem früher verstorbenen Bruder Hugo, einem Meister in der Kenntnis der für das Konzil so wichtigen Kirchenväter.

Das Konzil faßt Fuß

Ich habe dann auch sehr aktiv als Synodensekretär und Relator der Kommission „Gemeinde“ die Zeit miterlebt, in der unter dem Konzilsbischof Kardinal Franz König und unter dem gekonnten Vorsitz von Erzbischof-Koadjutor Franz Jachym die Wiener Erzdiözese sich anschickte, das Konzil zu verwirklichen. Die Wiener Diözesansynode war ein riesiger

[3] K. Rahner, Das wandernde Gottesvolk. Bilanz Zweites Vatikanisches Konzil(2): Dogmatische Konstitution über die Kirche, in: Vaterland vom 6.2. 1982, 3.

nicht nur für das zu interessieren, was alt und vergangen ist, sondern die Fenster zu öffnen, frische Luft hereinzulassen und – das ist jetzt ein wörtliches Zitat – "freudig und fruchtbar das zu verwirklichen, was die Gegenwart erfordert." Das war ein sehr schöner und ein sehr gewichtiger Satz in der damaligen Stunde. Dann hat er einige Male auf jene betrübliche Stimmung und auf die „Unglückspropheten", wie er sie nannte, hingewiesen – dazu noch ein wörtlicher Satz –, „die in den modernen Zeiten nichts zu sehen vermögen als Unrecht und Untergang, als ob zur Zeit der früheren Konzilien alles in vollem Triumph der christlichen Lehre und der rechten Freiheit des Glaubens vor sich gegangen wäre." *(Kardinal König)*

„Gewollt hat er – das ist die berühmte Eröffnungsansprache – das "Aggiornamento", also das Heutigwerden der Kirche: die Lehre, die immer gleiche und unantastbare Lehre neuformulieren und in der heutigen Zeit verständlich aussagen. Nur das war gemeint." *(Dorn)*

„Die Eröffnungsrede hat ja alles auf den Kopf gestellt. Als Historiker hat Johannes XXIII. gesagt: So geht es nicht weiter, da ist ein großer Graben zwischen uns und den Gläubigen. Die Gläubigen verstehen unsere Sprache nicht. Wie wir reden, das ist für sie eine fremde Sprache. Das hat keinen Sinn. Wir müssen wieder die Sprache der Leute lernen. Unsere Dogmen, der Glaubensinhalt, das soll nicht geändert werden. Man muß unterscheiden zwischen der Substanz und der Art, wie man es darbietet. Und dieses Konzil gilt nur dem zweiten." *(Mario von Galli)*

„Die Eröffnungsrede war für mein ganzes weiteres Leben wichtig, da arbeite ich immer weiter. Ich behaupte, daß leider ganz wenige Leute gemerkt haben, daß das größte Ereignis des Konzils diese Eröffnungssprache war. Darin ist so viel an Impuls, an Prophetie, an Ankündigung eines neuen Zeitalters und Abschied von der konstantinischen Ära, von Thron und Altar, an Akzeptanz der Säkularisierung, und Betonung, daß die Substanz, der Kern des Christlichen, ein neues Gewand bekommen, neu zum Leuchten kommen muß, daß das natürlich nicht nur die Aufgabe von vier Jahren Konzil, sondern von Jahrzehnten, daß das eine Daueraufgabe der Kirche sein muß." *(Kaufmann)*

Weihbischof *Krenn*, damals Student in Rom, sieht die Eröffnungsrede lakonischer:
„Man hat dann bald diese Legenden gehört, daß Johannes XXIII. das Fenster geöffnet und gesagt hat, es muß frische Luft herein. Ich habe noch nie jemanden getroffen, der dabei war. Das sind, glaube ich, auch nur spätere fromme Bilder."

und Vertretern der organisanisierten Laien, sich von neuen Entwicklungen nicht entmutigen zu lassen.

Symptom des neuen Kirchenklimas ist auch das Anwachsen von Klagen über das Konzil. Nicht alle sagen es so krass wie der Alterzbischof Lefébvre, daß das Konzil die katholische Kirche an die französische Revolution verraten habe. Normalkatholische Bischöfe können ja auf Grund des theologischen Wissens über Konzilien als geistgewirkte Vorgänge das Konzil selbst nicht schlecht machen. Eher schon kann kritisiert werden, was nach dem Konzil aus diesem gemacht worden ist. Den – wie man dann vorsichtig sagt – Absichten des Konzils entspreche vieles an Entwicklung nicht.

Ganz unrecht haben solche Kritiker auch nicht. Sie können in der Tat darauf verweisen, daß sich manche Entwicklungen nicht einfachhin mit dem Wortlaut bestimmter Passagen der Konzilstexte decken. Das hat aber seine Ursache bereits in den Texten selbst. In umstrittenen Fragen wurde eine erstaunliche Art von Kompromiß hingenommen, um die Entwürfe für mehr oder minder alle annehmbar zu machen. So stehen Positionen unvermittelt nebeneinander, die sachlich nicht so leicht harmonisiert werden können. Deshalb ist es auch heute, im Zuge der Auseinandersetzung möglich, daß sich gegensätzliche Positionen auf das Konzil berufen können: jene, die um die Rolle des Papstes besorgt sind, ebenso wie die anderen, die eine praktizierte Kollegialität der Bischöfe für notwendig erachten; jene, die den Dialog suchen, und jene anderen, die eher die einbahnige lehramtliche Kommunikation für angemessen erachten; jene, die für die wahrhafte Gleichheit an Würde und Berufung aller eintreten, und die anderen, die um die Außerordentlichkeit des kirchlichen Amtes besorgt sind.

P. M. Zulehner, Wider die Resignation in der Kirche, Wien 1989. – K. Koch, Aufbruch statt Resignation. Stichworte zu einem interessanten Christentum, Zürich 1990. – O. Fuchs, Dabeibleiben oder Weggehen. Christen im Konflikt mit der Kirche, München 1989.

schen Kurie, ihre Ansichten in einer so engen Weise vertreten und so argumentiert haben, daß selbst ein sonst ganz konservativer Bischof sagen mußte, daß es so einfach nicht mehr geht. Man konnte beobachten, wie sich Bischöfe in ihrer Meinung, in ihrer Haltung änderten. Das gilt besonders für die nordamerikanischen Bischöfe, die vor dem Konzil ganz konservativ und romtreu gewesen sind, und nun auf einmal das Bewußtsein bekamen, daß die Werte, die für sie im Staatlichen und Gesellschaftlichen unabdingbar waren – Gewissensfreiheit, offene Auseinandersetzung – auch für die Kirche gelten müssen." *(Pater Seibel)*

In zwei Bereichen wurde besonders deutlich, was mit der "Öffnung der Kirche zur Welt" gemeint sein sollte: Ökumene und Dialog. Auch hier wurde heftig gestritten.

„Es gab schon Jahrzehnte vorher ökumenische Bestrebungen der nichtkatholischen Kirchen, institutionalisiert etwa im Weltkirchenrat, wo die katholische Kirche allerdings abseits stand. Mit dem Zweiten Vatikanum ist nun die katholische Kirche offiziell in diesen ökumenischen Dialog eingetreten. Sie ist Gesprächspartnerin geworden. Vor allem hat das Konzil mit der alten Vorstellung aufgeräumt, eine Einheit der Christen könne nur darin bestehen, daß sich die anderen Kirchen der katholischen Kirche anschließen.

Bei der Ökumene waren die Diskussionen ungeheuer hart, weil sich auch da die zwei Meinungsgruppen gegenüberstanden. Die einen sagten, die römisch-katholische Kirche ist die einzig wahre Kirche, alle anderen Gemeinschaften – sie sprachen ja nicht von Kirchen – seien nur ein Abfall von der katholischen Kirche, sie hätten zurückzukommen, denn sie hätten keine eigenen positiven Werte. An der einzig wahren Kirche hat das Konzil selbstverständlich festgehalten, aber es hat Formulierungen gebraucht, die deutlich machen, daß die anderen auch wahre Kirchen sind und nicht nur Abfallerscheinungen. Das Konzil hatte keine klare Vorstellung von der Einheit, es hat gesagt: wir müssen danach suchen. Aber es war klar, daß das alte Bild, daß alle zur katholischen Kirche zurückkehren müssen, nicht mehr gelten konnte.

Beim Dialog ging es um das Verhältnis der Kirche zur Welt und zur modernen Gesellschaft. In der Zeit vor dem Konzil, also im 19. und in der ersten Hälfte des 20. Jahrhunderts, hat sich die Kirche eher von der Welt und von der Gesellschaft distanziert, weil die Gesellschaft in den modernen Staaten seit der französischen Revolution, seit der Aufklärung, einen Weg genommen hatte, den die Kirche ablehnte: den Weg der Säkularisierung. Nun hat das Konzil gesagt, Kirche und Welt sind zwei eigen-

Im übrigen hat es solche gegenläufige Interpretationen der Konzilstexte in den letzten fünfundzwanzig Jahren immer gegeben. Konservative Kreise haben sich unablässig kritisch zu Wort gemeldet, sind auch in Rom vorstellig geworden: Doch erst seit einigen Jahren haben diese Auseinandersetzungen um das Konzil eine neue Qualität erhalten.

Es gibt nämlich seit wenigen Jahren einen immer deutlicher erkennbaren „neuen Kirchenkurs". Getragen wird dieser von „Rom"[7] und einer von „Rom" ernannten Generation von „neuen Bischöfen".[8] Charakteristisch ist für diesen „neuen Kirchenkurs", daß nunmehr die Kritik an der nachkonziliaren Kirchenentwicklung nicht mehr von kleinen Kreisen im Kirchenvolk kommt, sondern von „neuen Bischöfen" selbst. Sie vertreten eine zumindest restriktive Auslegung des Konzils, stützen sich dabei mit Vorliebe auf jene Kompromißanteile in den Konzilstexten, die es auf dem Konzil der konservativen Minderheit um Kardinal Ottaviani ermöglichen sollten, den Texten ihre Zustimmung zu geben. Neu an der gegenwärtigen Phase der nachkonziliaren Entwicklung ist also, daß der konservative Widerstand gegen die öffnend-voranschreitenden Anteile des Konzils „von oben" und nicht allein aus dem Volk kommt.

Was hat zu diesem „neuen Kirchenkurs" geführt? Was sind seine Anliegen? Wir versuchen diesen neuen Kirchenkurs, insofern er mit dem Konzil zu tun hat, im Folgenden verständlich zu machen.

[7] „Rom" ist ein Symbolwort für eine sehr differenzierte Wirklichkeit. Auch dort gibt es, wie natürlich ebenso im Weltepiskopat, sehr unterschiedliche Auffassungen über den derzeitigen Kirchenkurs.

[8] „Nach dem Konzil habe man – so Weihbischof Krätzl – aber nicht selten den Eindruck gewonnen, daß die neuen Entwicklungen eher gebremst, aber die theologische Richtung jener Gruppierungen, die schon auf dem Konzil gegen manche Neuerungen waren, favorisiert wurde. In diesem Zusammenhang wurden auch manche Personalentscheidungen der letzten Jahre in der Weltkirche gesehen." Kathpress vom 10.10.1990, 2.

ständige Größen. Es gibt Bereiche, für die die Kirche überhaupt nicht zuständig ist, nämlich alle konkreten Fragen von Politik, Wirtschaft und Gesellschaft, daher kann es in diesen Bereichen unter den Katholiken Meinungsverschiedenheiten geben. Das Konzil hat also Abschied genommen von der Haltung, daß alle Katholiken in Fragen der Politik, der Wirtschaft oder der Gesellschaft einheitliche Positionen vertreten müssen." *(Pater Seibel)*

Als Teil der Welt, der sich die Kirche mit dem Zweiten Vatikanum öffnen wollte, wurde auch – erstaunt und überrascht – die Dritte Welt registriert. Während sich das I. Vatikanum fast ausschließlich aus (etwa 700) europäischen und nordamerikanischen Bischöfen zusammengesetzt hatte, waren auf dem II. Vatikanum unter den mehr als 3.000 Bischöfen zum größten Teil Nicht-Weiße, Farbige, die dem Geschehen zu Beginn beinahe fassungslos gegenüberstanden.

„In den ersten Tagen hat der Bürgermeister von Rom einen Empfang auf dem Kapitol gegeben. Am Abend, ganz groß und feierlich, für alle Konzilsväter. Da stand so ein kleiner Bischof aus Sambia unten an der langen Treppe und hat sich nicht einmal hinaufzugehen getraut. Er hat diesen Lichterglanz betrachtet und den Kopf geschüttelt. Ich habe ihn angesprochen, und er hat gesagt: "Das alles ist für mich unvorstellbar!" Aber nach und nach ist die Dritte Welt im Konzil doch sehr aktiv geworden und auch aktiv geblieben." *(Dorn)*

„Ich traf einen französischen Bischof, der gerade Staatssekretär werden sollte, auf dem Petersplatz. Hilflos stand er da. Ich fragte, ob ich ihm irgendwie helfen könnte. Er wollte in seine Kommission, aber die Schweizer Garde hatte ihn hinausgeworfen. Sie hatten gesagt, sie kennten ihn nicht, und er hatte seinen Ausweis vergessen. Darauf sagten sie, er solle wenigstens seinen Bischofsring zeigen, aber den hatte er auch im Hotel gelassen. Ohne Bischofsring hatten sie ihn nicht hineingelassen, aber er wohnte am anderen Ende der Stadt. Bis er den Ring geholt hätte, wäre die Sitzung vorbei. Ich habe ihm gesagt: „Nichts einfacher als das. Bleiben Sie hier stehen, ich laufe schnell hinüber über den Platz, da sind haufenweise Bischöfe." Ich bin hinübergerast, bin zu einem kleinen Schwarzen und habe ihm gesagt: „Du kannst mir einen großen Dienst erweisen. Gib mir deinen Bischofsring, da ist einer, der braucht einen." Da hat der gestrahlt und hat gesagt: „Aber ja, gerne". Ich bin mit seinem Ring zum französischen Bischof, der paßte ihm wunderbar, und er rannte in seine Kommission."? *(Mario von Galli)*

Das Konzil hat weltweit Resonanz gefunden, von Anfang an, und das hatte mit einer weiteren Überraschung zu tun. Zur Welt ge-

2. Der neue Kirchenkurs

Seine (gar nicht immer erkannte oder zumindest nicht eingestandene) Grundannahme besteht darin, daß das Konzil mit seiner Kernabsicht praktisch gescheitert ist. Das Konzil wollte, daß die katholische Kirche sich an der Gestaltung der modernen Welt wieder entschlossen beteiligt. Dazu sollte sie „zur Welt kommen". Die säkular-gottvergessene Welt sollte christlicher werden. Doch statt daß die Kirche zur Welt kam, ist umgekehrt die Welt in die Kirche eingedrungen. Die Welt wurde im Zuge der Öffnung und des Dialogs nicht christlicher, sondern die Kirche wurde ihrerseits weltlicher. Scharf ausgedrückt: Die Öffnung des Konzils hat zu einer Verweltlichung der katholischen Kirche geführt. Wir illustrieren die Auseinandersetzung um das Konzil und seine Folgen am Beispiel der jüngsten Entwicklungen in der österreichischen Kirche.

Am Beispiel Österreich

Ein wirksames Langzeitprogramm sollte es sein: Die Ernennung neuer Bischöfe sollte Österreichs Kirche auf einen neuen Kurs bringen. Die „Konzils-Ära König"[9] sollte durch eine neue „Kirchenzeit" abgelöst werden. Diese Forderung hatte der Leiter der politischen Akademie der ÖVP, Andreas Khol schon 1983 erhoben.[10] Damals meinte er, daß das für

[9] „König wurde zur Symbolfigur der konziliaren Kirche": Kathpress vom 1.8.1990, 1.

[10] Khol, A., Katholikentag und Papstbesuch 1983: Eine kritische Würdigung, in: Österreichisches Jahrbuch für Politik 1984, hg. v. A. Khol u. a., München 1985, 431.

hörte für die Kirche erstmals die Öffentlichkeit, gehörten auch die Medien. Und die Tatsache, daß es sich hier nicht nur um eine brave Versammlung handelte, sondern daß wirklich diskutiert, um Lösungen gerungen wurde und die Fragen der Zeit und der Welt zur Sprache kamen – auch kontrovers zur Sprache kamen –, das machte das Konzil auch für die Medien interessant. Aber auch die Öffnung zur Öffentlichkeit und zu den Medien entwikkelte sich erst während des Konzils – und mit durchaus originellen Seitenwegen.

"Die erste Session war total zu, es gab nur irgendwelche lächerlichen Kommuniqués. Aber das wichtigste, was ich gebraucht hätte, wären die Schemata gewesen, die Arbeitspapiere. Aber da war kein Konzilsvater davon zu überzeugen, die herauszugeben. Also habe ich mit dem Chef eines römischen Taschendiebsyndikats Kontakt aufgenommen und habe ihm gesagt: ‚Ich zahle euch gut, wenn einer von euren Ragazzi, einer von euren Burschen, einem Konzilsvater, wenn er am Morgen in die Aula geht, die Mappe mit den Dokumenten klaut.' – ‚Gut', hat der gesagt – ein sehr distinguierter Herr, konnte auch Bankdirektor sein – ‚kommen Sie übermorgen wieder.' Wie wir uns wieder getroffen haben, hat er gesagt: ‚Meine Ragazzi, meine Jungen, machen das nicht, sie meinen, das ist eine Falle. Wenn in der Mappe Geld wäre, würden sie das glauben, aber Papiere, nichtssagende Papiere, noch dazu lateinisch, no, das kann nicht wahr sein'." *(Dorn)*

„Das Konzil begann unter dem Prinzip der Geheimhaltung. Man meinte, es müßte alles hinter verschlossenen Türen geschehen, sonst würden die Bischöfe zu sehr von der öffentlichen Meinung beeinflußt, sodaß bei den Sitzungen keine Journalisten anwesend sein durften. Es gab nach den Sitzungen Pressekonferenzen von den Pressesprechern in den einzelnen Sprachen, aber die Pressesprecher waren am Anfang sehr zugeknöpft. Im Lauf der Zeit haben sie dann immer mehr berichtet, weil sie gemerkt haben, daß die Resonanz sonst noch schlechter ist. Spätestens von der zweiten Sitzungsperiode an haben die Pressesprecher vollständig über alles berichtet. Man hatte dann viele Verbindungen zu Bischöfen, die zum großen Teil außerordentlich offen waren und auch Zusatzinformationen gegeben haben. So ließ sich die Absicht der Veranstalter, das ganze unter Geheimhaltung ablaufen zu lassen, nicht verwirklichen. Es war für Journalisten nur schwierig, an die Entwürfe der Beschlüsse heranzukommen. Da waren die Bischöfe streng verpflichtet worden, nichts herauszugeben. Aber wenn man sich für etwas interessierte, gab es durchaus die Möglichkeit, durch irgendwelche Kanäle auch an so etwas heranzukommen." *(Pater Seibel)*

die Kurskorrektur so wichtige Instrument der Bischofsernennungen Zeit benötige.

Inzwischen sind sieben Jahre vergangen. Österreich hat eine Reihe neuer Bischöfe. Aus der Sicht der österreichischen Bevölkerung liegen vier auf einer gemeinsamen (und eben neuen) Linie: Erzbischof Groer und „sein“ Weihbischof Krenn in Wien, in Vorarlberg der ehemalige Regionalleiter von Opus Dei Bischof Küng und Erzbischof Eder in Salzburg. Worin besteht nun das Neue an ihrer Linie, ihrem kirchenpolitischen und pastoralen Kurs?

Hauptmerkmale dieses neuen Kirchenkurses sind eine pointierte Diagnose der Lage des Glaubens und der Kirche. Auf der Basis dieser Diagnose wird sodann ein Sanierungs-, ja Notstandsprogramm für die Kirche entworfen. In ihrem Machtbereich handeln dann die „neuen Bischöfe“ dementsprechend.

Die Krisendiagnose

(a) Bei Verantwortlichen des neuen Kirchenkurses ist die Sorge zu spüren, daß die Kirche krank und in Gefahr sei. Die Verweltlichung, also die Gottlosigkeit und der moralische Verfall der „Ersten Welt“, zu der Österreich gehört, werden beklagt.[11] Es wird bedauert[12], daß das materialistische Denken im Zeitalter des technischen Fortschrittes immer mehr an Bedeutung gewonnen habe und die Vorstellung der Machbarkeit sich auf allen Gebieten, auch in Ehe, Fami-

[11] Erzbischof Groer (1989): 'Österreicher sollen sich dem Glauben öffnen', in: Kathpress vom 04.01.1989, 2. – Erzbischof Groer (1990): 'Tradition und Konzil nicht gegeneinander ausspielen', in: Kathpress vom 08.06.1990, 2.
[12] Weihbischof Krenn (1987): 'Menschenwürde gegen einen blinden Fortschritt verteidigen', in: Kathpress vom 09.11.1987, 3. – Weihbischof Krenn (1987a): 'Papst will Menschen Hoffnung machen', in: Kathpress vom 12.06. 1987, 6. – Erzbischof Groer (1989): 'Praktischer Materialismus ist das Hauptproblem', in: Kathpress vom 20.09.1989, 3.

Als Höhepunkt und zentrale Aussage des II. Vatikanums gilt „Gaudium et Spes“. Hier wurde festgeschrieben, was Johannes XXIII. wenn auch nicht mit präzisen Vorstellungen, so doch offensichtlich gemeint hatte. Auch sein Tod im Jahr 1963 hatte der Wirkung seiner Eröffnungsansprache keinen Abbruch tun können. Zweifellos hat das offene Diskussionsklima während des Konzils auch wesentlich dazu beigetragen. Luitpold Dorn bezeichnet „Gaudium et Spes“ als die „Magna Charta der Auseinandersetzung der Kirche mit den Problemen der heutigen Zeit.“

2. Die Kirche wendet sich nach innen

Verordnete Reformen

Weitaus mehr Staub aufgewirbelt hat das Konzil dort, wo das kirchliche Leben des einzelnen unmittelbar betroffen war. Am deutlichsten wurde das bei der Reform des Gottesdienstes; als erstes Konzilsdokument wurde die „Konstitution über die Liturgie“ beschlossen. Hier erhitzten sich die Gemüter bereits bei den Paragraphen 1 und 2:

„Der Gebrauch der lateinischen Sprache soll in den lateinischen Riten erhalten bleiben, so weit nicht Sonderrecht entgegensteht. Da bei der Messe, bei der Sakramentenspendung und in anderen Bereichen der Liturgie nicht selten der Gebrauch der Muttersprache sehr nützlich sein kann, soll es gestattet sein, ihr einen weiteren Raum zuzubilligen“. Ähnlich zugestanden wurde die Einführung des Volksaltars, der nun als Möglichkeit neben der traditionellen Form, bei der der Priester seiner Gemeinde den Rücken zukehrt, hinzukommen sollte.

Dabei ging es Johannes XXIII. sowohl um die Vielfalt der katholischen Liturgie als auch um eine grundsätzliche Erneuerung der Gestaltung des Gottesdienstes. Die Widerstände waren gewaltig.

„Jeden Tag war eine Messe, und der Papst hat gewußt, wieviele Riten es in der katholischen Kirche gibt, sogar einen chinesischen Ritus. Jeden Tag – wie schlau! – während des Konzils war ein anderer Ritus dran, um den Bischöfen beizubringen, was für eine Vielfalt es in der Kirche gibt. Das hat er ihnen vorexerziert.“
(Mario von Galli)

Vor einer allzu starken Anpassung
ird gewarnt.[13]

chung sei nach dem II. Vatikani-
ehaupten sogar durch dieses) die

er des neuen Kurses, grundsätzlich
nzil zu stehen.[14] Zugleich aber kriti-
cht nach erst später geschaffenen
in Wirklichkeit der getarnte „Geist
des Satans ist in die Kirche einge-
ort, gesprochen schon vom Konzils-
72. Es wird beklagt, daß heute das
„oft nur ein Transparentwort für
zeitangepaßtes Verhalten" sei und
ehre des Konzils zur „Tat" nicht
Konzil habe die Linie von der Kir-
gen, die erhoffte „Bekehrung" sei
e „viel Papier und wenig Leben",
viele Programme und wenig Taten, viel Reden und wenig Zuhören, viel Angst und wenig Hoffnung, viele Forderungen und wenig Verantwortung gegeben. Nach dem Konzil hätten Priester Beruf und Amt verlassen, Ordensleute ihr gegebenes Wort widerrufen, die Beichte sei immer weniger geschätzt worden und der Kirchenbesuch sei zurückgegangen.[16]

[13] Erzbischof Eder (1990): 'Manche wollen Krisenstimmung erzeugen', in: Kathpress vom 26.07.1990, 1.

[14] Dazu: Bischof Krenn (1987): 'In meinem Leben gab es keine theologischen Wenden", in: Kathpress vom 22.04.1987, 3 – Auch: Bischof Küng (1989): 'Zurück zu dem, was das Konzil wirklich gesagt hat', in: Kathpress vom 24.01.1989, 1.

[15] Weihbischof Krenn (1989): 'Drittes Vaticanum vorstellbar', 21.03.1989, 3; Weihbischof Krenn (1989a): 'Kölner Erklärung ist theologisches Problem', in: Kathpress vom 10.05.1989, 3.

[16] Weihbischof Krenn (1988): 'Nach dem Konzil kam es in der Kirche zur Krise', in: Kathpress vom 26.07.1988, 2.

„In der Reform des Gottesdienstes wird genau das, was Pastoral bedeuten soll, wirklich deutlich. Vorher war der Gottesdienst eigentlich ein Handeln des Priesters allein, bei dem das Volk nur anwesend war. Dazu kommt, daß die Liturgiesprache Lateinisch war, das der normale Mensch nicht versteht. Das Konzil verstand die Liturgie nun als ein Handeln der ganzen Gemeinde, und da ergibt es sich von selbst, daß das auch in der Landessprache geschehen muß. Weil der Gottesdienst etwas so Zentrales in der Kirche ist, wurde hier als allererstes und am deutlichsten sichtbar, was und in welcher Weise sich etwas geändert hat. Aber die Kontroversen über die Liturgiereform waren ungeheuer scharf. Aus heutiger Sicht ist es überhaupt nicht mehr verständlich, mit welcher Leidenschaft man sich um die lateinische Sprache gestritten hat und mit welchen Argumenten die Verteidiger des Latein aufgetreten sind. Ihr Hauptargument war, die Einheit der Kirche erfordere das, ein zweites Argument, es sei immer so gewesen, und ein drittes, nur das Lateinische könne den katholischen Glauben in seiner Exaktheit genau wiedergeben. Dabei gab es – auch bei der Einführung des Volksaltars – vor allem emotionale Sperren." *(Pater Seibel)*

Ein weiterer Punkt, der das Innenleben der Kirche betraf, war die Einführung der Kollegialität. Beim I. Vatikanum war die Unfehlbarkeit des Papstes festgelegt worden. Ein Unbehagen blieb, weil dieses Konzil ja nicht abgeschlossen, sondern aus politischen Gründen – piemontesische Truppen hatten den Vatikanstaat besetzt – abgebrochen worden war. Die Kollegialität sollte die Position des Papstes relativieren beziehungsweise ergänzen.

„Die Hauptaussage dieses 2. Vatikanischen Konzils ist – in Ergänzung zur Definition des Papsttums – die Kollegialität. Das heißt: alle Bischöfe, auch die Weihbischöfe, also alle Bischöfe gemeinsam und unter dem Papst bilden die Kirchenleitung. Dieser Gedanke der Kollegialität hat sich erst nach und nach entwickelt. Und das ist d e r Schwerpunkt dieses Konzils – von vielen anderen wesentlichen Aussagen abgesehen, die dem Aggiornamento, dem Heutigwerden der Kirche, entsprechen.

Die Kollegialität ist eine theologische Sache. Das ist die Erkenntnis, daß durch die apostolische Sukzession von Petrus und den anderen Aposteln die Bischöfe eine Gemeinsamkeit bilden. Die Kollegialität wirkt sich beispielsweise auch darin aus, daß der einzelne Bischof ohne eine ganze Konferenz viel mehr Freiheitsspielraum im Rahmen des Grundgesetzes der Kirche und des neuen Kirchenrechtes hat. Er kann also dort, wo es sinnvoll ist, Basisgruppen viel stärker ausbauen, und wenn es Spannungen

(c) Einfallstor der (zumeist als böse hingestellten) modernen Welt in die (infolge des Konzils schutzlos geöffnete) Kirche sei der Dialog. In dessen Umkreis habe sich im Namen einer falsch-verstandenen Freiheit eine Meinungsvielfalt, ein unbotmäßiger Pluralismus breitgemacht.[17] Es wird beklagt, daß sich die Kirche in den letzten Jahren zu weit geöffnet hat. Der Salzburger Erzbischof Eder verglich die kirchliche Gemeinde mit einem Gotteshaus: „Wenn man die Tür ganz aufmacht und sie offenläßt, dann kommt natürlich alles mögliche herein. Man muß auch manches Mal zumachen." Sonst kämen Gedanken in das Gotteshaus, „mit denen man schwer fertig wird."[18]

Diese Meinungsvielfalt bewirke, daß hinsichtlich dessen, was ein Christ zu glauben hat und welche moralische Weisungen zu befolgen sind, bei immer mehr Leuten ein Gefühl von Ratlosigkeit bis Beliebigkeit wirksam geworden sei.

(d) Kurz, die Kirche sei dabei, sich in die böse Welt hinein aufzulösen. Die verschiedenen Indikatoren von Religiosität und Kirchenbindung weisen unbarmherzig darauf hin:

- Kirchenaustritte, Rückgang im Meßbesuch, Verdunsten des Glaubenswissens.

- Dazu komme ein rasch um sich greifender moralischer Verfall auch bei den Katholiken. Die „Übersexualisierung" der heutigen Konsumgesellschaft zeige ihre negativen Auswir-

[17] Weihbischof Krenn äußert seine Sorge über die zunehmende „Bürokratisierung" im Leben der Kirche, die er auf „Demokratisierungsbestrebungen" zurückführt, die zu einer Vermehrung der Ausschüsse, Einrichtungen und Kommissionen geführt hätte; 'Krenn besorgt über 'Bürokratisierung' der Kirche', in: Kathpress vom 18.05.1989, 3/3a.

[18] Erzbischof Eder: 'Gewissen nicht gegen Autorität ausspielen', in: Kathpress vom 23.01.1989, 4 – Erzbischof Eder (1989): „Die Kirche muß – soweit sie auch ihre Pforten öffnet, doch dem Geist der Welt die Türe weisen"; Eder: ‚Meine Tür steht allen offen', in: Kathpress vom 27.02.1989, 3.

gibt, dann ist es in erster Linie Sache des Bischofs, sie zu überbrücken." *(Dorn)*

Ganz wesentlich ausgewirkt auf das Verständnis des Laien in der Kirche hat sich eine grundsätzliche Veränderungen des Kirchenbildes.

Das neue Kirchenbild

„Auf dem Konzil spielt auch der Begriff Volk Gottes, das wandernde Gottesvolk, eine ganz zentrale Rolle. Das bedeutet, daß die Kirche nicht, wie man sie vorher verstand, in erster Linie von oben nach unten organisiert ist, daß also allein der Papst und die Bischöfe in der Kirche das Sagen haben, während die anderen nur gehorchen müssen. Das Konzil sagte nun: Die Kirche ist im Verständnis des Evangeliums eine Gemeinschaft, in der eigentlich alle die gleiche Würde als Glaubende haben. In der es natürlich Dienste und gewisse Funktionen geben muß, aber zuerst kommt die Gleichheit aller, und dann erst kommen die Unterschiede. Im alten Kirchenverständnis standen zuerst die Unterschiede: der Papst ist oben, dann kommen die Bischöfe und die Priester, und ganz unten steht erst das Volk. Das war eine Änderung im Kirchenbild, die sich nicht immer gleich unmittelbar in Praxis umsetzte, die aber doch in vielen Reformen und Entwicklungen nach dem Konzil sichtbar geworden ist. Zum Beispiel darin, daß auf der einen Seite – in der Theorie jedenfalls – die Bischöfe größere Mitspracherechte in Rom haben sollten, und daß auch auf der Ebene der Pfarren und Diözesen Formen der Mitsprache wie etwa die Pfarrgemeinderäte entwickelt wurden. Das Konzil wollte, daß sich hier ein Kirchenbild herauskristallisiert, bei dem die Zusammenarbeit aller im Vordergrund steht und nicht so sehr das Schema der Pyramide von oben nach unten." *(Pater Seibel)*

Besonders scharf waren die Diskussionen auch bei der revolutionären Erklärung über die Religionsfreiheit.

„In der Konzilsminderheit gab es eine starke Fraktion, die die alte These vertrat, daß nur die Wahrheit Recht auf Existenz hat. Wenn aber nur die katholische Kirche die Wahrheit vertritt, wären alle anderen Religionen und Konfessionen Häresien, also Irrlehren. Dann dürfte ein Staat nur der katholischen Kirche das Recht auf Existenz geben. Nachdem es aber – Gott sei's geklagt – Situationen gibt, in denen andere Christen im Staat leben und man die nicht vertreiben oder zwangsweise zum katholischen Glauben bekehren kann, soll ein Staat sie dulden, aber nur dulden. Und das Konzil hat dann genau das Gegenteil gesagt: daß nämlich

kungen.[19] Die überkommene Ehe- und Sexualmoral werde immer weniger beachtet, weder vor der Ehe (man verweist auf die vielen vorehelichen Lebensgemeinschaften auch unter Katholiken), noch in ihr (was insbesondere Humanae vitae betrifft)[20], noch beim Zerbrechen einer Ehe (im Fall von Scheidungen)[21]. Viele Menschen gingen ‚nicht vorbereitet' in die Ehe und hätten daher auch keine richtige Auffassung vom Sakrament der Ehe.

- Auch das feministische Selbstverständnis habe viele Katholikinnen befallen: Auf seinem Boden sei die unbotmäßige Forderung nach der Weihe von Frauen zum Diakonat oder gar zum priesterlichen Amt gewachsen. Vor einer Gleichmacherei von Mann und Frau wird gewarnt.[22]

(e) Die (Moral-) Theologen würden, statt der Auflösung entgegenzuwirken, unter dem Deckmantel der Güte und der Barmherzigkeit Gottes die wachsende Unmoral verharmlosen und dadurch zusätzlich fördern. So wird zum Beispiel im Zusammenhang mit der Gewissensfreiheit beklagt, daß manche moraltheologischen Auskünfte absolut nicht dem entsprechen, was das II. Vatikanische Konzil vom Gewissen festgehalten hat.[23]

[19] Bischof Küng (1990): 'Ehe setzt Fähigkeit zur Hingabe voraus', in: Kathpress vom 13.06.1990, 1.

[20] Weihbischof Krenn, „Dr. Krenn: 'Eine Chance, Toleranz zu üben'". in: Kathpress vom 17.04.1987, 1.

[21] Siehe dazu die Aussagen Kardinal Groers (1988): 'Hoffnungslosigkeit ist Abtreibungsmotiv", in: Kathpress vom 02.11.1988, 1; Bischof Küng (1990): 'Ehe setzt Fähigkeit zur Hingabe voraus', in: Kathpress vom 13.06.1990, 1.

[22] Weihbischof Krenn (1987): 'Ministrantinnen: Weihbischof Krenn würde auch andere Regelung mittragen', in: Kathpress vom 30.10.1987, 4. – Erzbischof Eder (1989): 'Dr. Eder: Ein Anlaß für Veränderungen der Diözesangrenzen', in: Kathpress vom 19.01.1989, 2.

[23] Siehe dazu: Weihbischof Krenn (1988): in: Zeitung der Katholiken für Glaube und Kirche 'Das Gewissen und die Bildung des Gewissens', in: Kathpress vom 13.08.1988, 8.

jeder Mensch in seiner religiösen, aber auch sonst in seiner Gewissensentscheidung in keiner Weise irgendwelchen Zwängen unterworfen werden darf. Damit hat das Konzil bestimmte Erklärungen der Päpste des 19. Jahrhunderts genau in ihr Gegenteil verkehrt. Das ist eine revolutionäre Entscheidung. Es gibt immer wieder Leute, die behaupten, die Aussagen des Konzils stehen in einer Linie mit dem, was die Päpste im 19. Jahrhundert über Gewissensfreiheit gesagt haben. Ich bin der Überzeugung, daß hier etwas Neues geschehen ist. Da wurde erklärt: was das Lehramt im 19. Jahrhundert gesagt hat, ist falsch." *(Pater Seibel)*

„Die Religionsfreiheit bedeutet ja praktisch Trennung von Kirche und Staat. Das verdanken wir den Amerikanern. Die Grundidee, daß es nicht darum geht, daß die Wahrheit Rechte hat und der Irrtum nicht, sondern daß es immer um die Menschen geht, daß der Mensch Träger von Rechten ist." *(Kaufmann)*

„Das war vielleicht die schwierigste theologische und psychologische Hürde des Konzils überhaupt. Aber die Hürde wurde überwunden, und ich meine, das ist für die Gesprächsbereitschaft der Kirche mit der Welt ein Basisdokument. Jetzt kann man sagen: wir sprechen mit allen." *(Dorn)*

Schon damals gab es – nicht nur in der Frage der Religionsfreiheit – Stimmen, die mit der Interpretation von Konzilsdokumenten nicht einverstanden waren. Und in der großen Begeisterung über die teilweise tatsächlich umwälzenden Veränderungen durch das Konzil darf niemand übersehen, daß die Kirche (selbstverständlich) eine Institution (geblieben) ist, in der Beschlüsse gesetzlich formuliert werden. Das gilt – mit Einschränkungen – auch für die Beschlüsse des Zweiten Vatikanums.

„Das Konzil wurde als Gesetzbuch verarbeitet, und da ist nicht mehr viel daran zu rütteln. Das ist praktisch das letzte Konzilsdokument. Aber im Gegensatz zum vorigen Kirchengesetz ist dieses offen. Gewisse heikle, schwierige Dinge, sind ausgeklammert geblieben, die wurden nicht von vornherein zementiert, da blieb eine Entwicklung offen. Zum Beispiel die Frage der Ämter in der Kirche, der Diakonat, die Frau in der Kirche, die Laien überhaupt, das ist absolut noch nicht abgeschlossen. Da hat das Konzil nur die grundsätzlichen Linien vorgezeichnet, weil es der Meinung war, daß man doch gewissen Entwicklungen einen Weg offen lassen soll. Und man kann auch nicht alles in Gesetze fassen, den Geist schon gar nicht." *(Dorn)*

„Gaudium et Spes", die „Magna Charta" des Zweiten Vatikanums, wurde in Österreich fast nur von vorwiegend wissenschaftlich und – überraschenderweise – wirtschaftlich Interessierten in der Kirche entsprechend gewürdigt.

(f) Und schließlich sei die „Krise der Kirche eine Krise der Bischöfe“ und Priester.[24] Statt das Kirchenvolk bei Glaube und Sitte zu bewahren und die Wölfe zu vertreiben, hätten viele Bischöfe nach dem Konzil alles laufen lassen. Sie haben ihr Hirtenamt schlecht, und was noch schlimmer ist, oft gar nicht ausgeübt. Es habe eine falsch verstandene Anpassung stattgefunden.[25] Die Erneuerung sei mit Bequemlichkeit verwechselt worden.[26]

Sanierungsprogramm

Auf dem Hintergrund einer solchen Krisendiagnose wird das Programm des neuen Kirchenkurses bereits in Umrissen deutlich: Die Fehlentwicklungen nach dem Konzil sollen mit zäher Geduld, notfalls auch mit hartem kompromißlosem Durchgreifen, korrigiert werden. Dazu wird insbesondere die Personalpolitik genützt, um wichtige Zentren kirchlichen Lebens rasch auf die neue Linie zu bringen und damit zu sanieren: Priesterseminare, Aus- und Fortbildungsstätten[27], Schulen, die Verkündigung. Dazu kommt der Versuch, zumindest kircheneigene Medien auf den neuen Kurs zu bringen. So

[24] Weihbischof Krenn: „Die Krise der Kirche ist eine Krise der Priester. Vieles verdunkelt sich um das Priesteramt, weil wir die Beziehung zwischen Gott und dem Priesteramt verloren haben.“, 'Krise der Kirche ist Krise der Priester', in: Kathpress vom 01.06.1987, 4. – Lindner H. (1986): „Viele Theologen sehen ihre Aufgabe nicht mehr darin, den Willen Gottes für die Menschen herauszufinden, sondern ihre menschliche Meinung in Gottes Worte hineinzupassen“, in: Zeitung der Katholiken für Glaube und Kirche 'Krise der Kirche durch Fehlen des Heiligen Geistes', 13.05.1986, S. 11. – Siehe dazu auch: Bentz F. (1988): Zeitung der Katholiken für Glaube und Kirche 'Zeichen der Zeit', 13.10.1988, 4.

[25] Erzbischof Eder (1989): 'Eder: Kirche muß für geistigen Umweltschutz eintreten', in: Kathpress vom 06.03.1989, 6.

[26] Kardinal Ratzinger (1987): zit. in: Zeitung der Katholiken für Glaube und Kirche 'Kirche braucht Bischöfe mit festem Rückgrat', 13.02.1987. 2.

[27] K. Krenn, Zur Situation heutiger Theologie angesichts einer Neuevangelisierung Europas, Rohrbach 1989.

„Die wichtigste Konstitution für mich war Gaudium et Spes – Die Kirche in der Welt von heute, weil sie für mein persönliches Leben in Positionen der Wirtschaft und Politik die meisten Anregungen und Denkanstöße gegeben hat; vor allem mit der Verchristlichung der zeitlichen Ordnung der Dinge und mit der Definition der Funktion der Laien, die damals dem heutigen Stand weit vorgreifend war." *(Fahrnleitner)*

„Ein großes Positivum des Konzils war zweifellos die in "Gaudium et Spes" proklamierte Selbständigkeit der Sachbereiche. Da wurde klargestellt, daß die Kirche zwar eine moralische Instanz allgemeiner Natur ist, die auch in die Gesellschaft hineinwirkt, auch nicht nur vom Jenseits und vom Übermorgen redet, aber sie hat sich nicht anzumaßen, eine bestimmte Partei als christlich und eine andere als nicht christlich zu bezeichnen. Das gilt auch für die Kultur. Das Zweite Vatikanum hat eindeutig Abschied genommen von der Vorstellung, die Kirche könne den Künstlern, den Kulturschaffenden, den Wirtschaftstreibenden und den Politikern Vorgaben machen – von solchen allgemeinster Natur, wie für das Leben und gegen den Tod einzutreten, abgesehen, aber wie das geschieht, das ist Sache der Laien und derjenigen, die Sachkompetenz in diesen Gebieten haben. Das gilt auch für die Wirtschaft. Wenn ich daher verlange, daß die Kirche außer der Verkündigung allgemeiner Grundsätze mir auch als Ehemann oder Ehefrau nicht Details meines Intimlebens vorzuschreiben hat, muß ich konsequenterweise sagen, daß sie auch den Wirtschaftstreibenden nicht vorschreiben kann, welches System sie zu praktizieren oder welche Lösung sie für dieses oder jenes Sachproblem haben. Das ist etwas, das man zur Kenntnis nehmen muß. Hierzulande gibt es sicher einige, die zwar meinen, die Kirche soll ihnen in ihre Ehe nichr dreinreden, aber sagen, daß ich das richtige Wirtschaftssystem habe. Das können wir von der Kirche nicht mehr erwarten." *(Feichtelbauer)*

Während sich der evangelische Theologe und Universitätsprofessor Kurt Lüthi dieser Sichtweise anschließt, sind bei dem katholischen Politologen Anton Pelinka Vorbehalte spürbar:

„Das Katholische als Argumentations- und Denkform umfaßt Gegensätze. Das war ja das Großartige der katholischen Kirche in der Geschichte, daß sie oft sehr starke Gegensätze umfaßt hat. Es ist eher der Protestant, der sagt: entweder – oder, hier stehe ich und kann nicht anders. Das ist nicht katholisch gedacht, da können ohne weiteres mehrere Interpretationsmöglichkeiten vorhanden sein. Das wäre dann die katholische Denkstruktur. Und das Zweite Vatikanum wollte das Katholische als das Umfassende wieder darstellen, wenn auch unter den Bedingungen der heutigen Zeit." *(Lüthi)*

forderte Weihbischof Krenn für Journalisten, die an der Selbstdarstellung der Kirche und ihrer Glaubenslehre in den Medien mitwirken, eine Zusatzqualifikation ähnlich der Missio canonica für Religionslehrer.[28] Auch werden der schulische Religionsunterricht und die theologische Ausbildung der Priester kritisiert.[29] „Die Priesterseminare" – so Krenn wörtlich – „dürften nicht länger Therapiestationen sein für Leute, die krank sind oder krank werden sollen."[30]

Eine undankbare Aufgabe

Alle diese vom Ziel des neuen Kirchenkurses gestellten Aufgaben sind gewiß nicht dankbar. Offenheit zurückzunehmen, verdiente Personen in zentralen kirchlichen Institutionen (wie Priesterseminaren) auszuwechseln, journalistische Freiheit in Frage zu stellen und zu beschränken, in den Lehrbetrieb theologischer Fakultäten auch in Belangen einzugreifen, die nicht unmittelbar Glaube und Sitte betreffen und da-

[28] Weihbischof Krenn (1989): 'Bischof Krenn konkretisiert 'Missio'-Vorschlag', in: Kathpress vom 11.08.1989, 3; 'Krenn bekräftigt seinen 'Missio'-Vorschlag', in: Kathpress vom 17.08.1989, 1; 'Krenn will Bevollmächtigung für kirchliche Medienleute', in: Kathpress vom 08.08.1989, 1. – „Freiheit kann jedoch nicht gewährt werden, wo das Potential der Massenmedien dazu mißbraucht wird, gleichsam im Namen der Kirche eine andere Kirche zu propagieren, oder gleichsam im Namen des Glaubens jene zu unterdrükken oder zu behindern, die als Papst und Bischöfe den Glauben lehramtlich zu verkündigen haben.": Kathpress intern, 28.9.1990, 6.

[29] Weihbischof Krenn bedauert, daß bei der Unterweisung junger Menschen 'Zeit vergeudet wird, die Kirche zu kritisieren und den Papst und die Bischöfe für Negatives verantwortlich zu machen', 'Priesternachwuchs – ein Anliegen aller Gläubigen', in: Kathpress vom 27.06.1989, 4. -Erzbischof Groer verweist darauf, daß man in den theologischen Hochschulen nicht von Gott oder über Gott zu reden habe, sondern man Gottes Wort empfangen und übernehmen soll, in: Zeitung der Katholiken für Glaube und Kirche '„Nicht von der Erde kommt das Heil"', 13.10.1987, 3.

[30] Weihbischof Krenn (1989): in: Zeitung der Katholiken für Glaube und Kirche: 'Weihbischof Krenn bleibt bei seiner Aussage 'Priesterseminare dürfen nicht Therapiestationen sein', 13. 06.1989, 6.

„Wenn ich etwa das Dokument "Gaudium et Spes" heranziehe, so wird hier schon ein methodischer Dualismus deutlich. In Abgrenzung zum Integralismus alter Prägung sagt das Zweite Vatikanum, daß es eigentlich keine christlichen Patentrezepte zur Gestaltung der Politik gibt. Ich würde mich nicht für die theologische Bedeutung des Zweiten Vatikanums zuständig fühlen, sondern für seine politische Bedeutung, vor allem für die Sichtweise der Kirche zur Gesellschaft und Politik. In „Gaudium et Spes" ist eine gewisse Fortschrittlichkeit insoferne da, als hier, gemessen etwa an den Sozialenzykliken von Leo XIII. und Pius XI., Pluralismus zwar nicht in der Kirche, aber in der Gesellschaft akzeptiert wird. Die Kirche hat sich, wenn man so will, mit „Gaudium et Spes" mit der liberal-westlich-kapitalistischen Demokratie ausgesöhnt, sie ist in dieser Beziehung endlich in das bürgerliche Zeitalter eingetreten." *(Pelinka)*

Am 8. Dezember 1965 war das Konzil abgeschlossen. Nun ging es darum, seine Beschlüsse zu akzeptieren, zu verstehen und konkret umzusetzen.

Rezipierung des Konzils

„Ich möchte eine entzückende Karikatur aus dem "New Yorker", die kurz nach dem Konzil erschienen ist, beschreiben bzw. zitieren: Sie zeigte den Eingang zum Petersdom, davor drei sehr würdige Monsignori im vollen Talar, und herein kommt ein sehr elegant gezeichneter Teufel, der seinen Schweif, dekorativ mit einer Masche versehen, über dem Arm und einen Degen an der Seite trägt. Darunter stand: Ein Monsignore zum anderen: ‚So weit sollten wir die Öffnung nun doch nicht treiben'." *(Krejci)*

Hatte nun tatsächlich der „Teufel" in der Kirche Einzug gehalten?

„Wir waren eigentlich sehr zufrieden. Man hat sich gar nicht damit aufgehalten, Manöverkritik zu machen, sondern die entscheidende Frage war, wie das jetzt umgesetzt wird. Wir haben das Vatikanum als Gesamtkunstwerk verstanden, und es sind ungeheuer viele Arbeitsgruppen entstanden. Man war fast ein bißchen gedanken-polizeilich unterwegs und hat gefragt: ‚Wird da auch genau das Vatikanum vollzogen oder gibt es da schon wieder irgendeinen Bürokraten, der irgendetwas verhindert? Was kann man probieren? Welche Risken kann man eingehen? Wie bekommen wir auch die entsprechenden Unterlagen?' Es ist ja vieles sozusagen zum Wegwerfen gewesen. Die Frage nach dem neuen Katechismus war wichtig: Wie kann dieses Verständnis vom Volk Gottes so ausgedrückt werden, daß es auch verstanden wird? Das Problem der liturgischen Sprache war enorm, das ungeheure Defizit an Liedern, an Texten. Was uns eher Sorge

mit nicht die Grundlage der bischöflichen Lehrbewilligung bilden[31], Laien, insbesondere Frauen, den Zugang zur kirchlichen Lehrbefugnis zu erschweren und alle in den Dienst Genommenen durch einen formalen Eid an den neuen Kurs zu binden: Alle diese Maßnahmen sind im Rahmen des auch in der Gesellschaft als unantastbar und „heilig" geltenden Freiheitsbewußtseins vorhersehbar schmerzlich und unpopulär.[32]

Sie benötigen für ihre Durchsetzung einen neuen Persönlichkeitstyp für das Bischofsamt. Die „neuen Bischöfe" müssen von der festen Überzeugung getragen sein, dem kirchlichen Notstand zu wehren. Sie können (nur so, was dann ein Auftrag und keine Diskriminierung ist!) zu Recht „Notstandsbischöfe" genannt werden. Allerdings gehört zum Notstand

[31] Der Generalvikar der Erzdiözese Wien wurde gehalten, an die katholisch-theologische Fakultät der Universität Wien mit 25.5.1990 folgendes Schreiben zu richten:
„Im Auftrag des Herrn Kardinals, Dr. Hans Hermann Groer, Erzbischof, ersucht das Erzbischöfliche Ordinariat, vor Erledigung Ihrer Ansuchen um Placet für Lehraufträge im Studien-Jahr 1990/91 folgende Fragen zu beantworten:
1. Was sollen die beantragten Lehraufträge in der Studien- und Prüfungsordnung abdecken?
2. Nach welchen Kriterien der Qualifikation und der akademischen Grade werden von der Fakultät die Lehraufträge beantragt?
3. Wie groß ist die Notwendigkeit solcher Lehraufträge im Rahmen des Gesamtangebots an Lehrveranstaltungen? Besteht möglicherweise ein Überangebot, so daß ein Qualitätsverlust eintritt?
4. Ergeben sich aus den konkret beantragten Lehraufträgen irgendwelche Folgen bezüglich Dienstverhältnis oder bezüglich Beschäftigung?
5. Wird von der Fakultät genau darauf geachtet, für welchen Zeitraum die Zustimmung des Ortsordinarius gegeben wird, so daß bei einem neuerlichen Lehrauftrag über den genehmigten Zeitraum hinaus wiederum die Zustimmung des Ortsordinarius eingeholt wird?"

[32] In diesem Zusammenhang ist es freilich ein Zirkelschluß, wenn darüber Klage geführt wird, daß „Wer im Namen der Wahrheit lehrt, als Spalter und Störer denunziert" wird (Kathpress vom 16.7.1990,2). Denn das Problem ist nicht, daß mit Autorität gelehrt wird und daß es ein legitimes Interesse an der Wahrheit gibt. Umstritten ist lediglich der Stil: ob die Sorge um die Wahrheit autoritär oder partizipativ realisiert wird, was theologisch so viel

gemacht hat, ist, daß die katholische Kirche, die ja im Unterschied zu den Protestanten, wo das Wort immer mehr im Mittelpunkt gestanden ist, nicht eine Kirche der Sprache ist – und es hat sich herausgestellt, daß sie nun mit der Sprache ihre Schwierigkeiten hatte." *(Busek)*

„Wir haben vor allem mit den Steirern einen Liturgiekreis gegründet, der sich sehr intensiv mit den Konzilstexten und mit seinen Absichten beschäftigt hat und zum Teil weit darüber hinaus gegangen ist. Für uns war das eine ungeheuer spannende Experimentierphase. Viele Anregungen, wie man den Gottesdienst attraktiver, tiefer, inniger gestalten kann, sind geradezu explosionsartig gekommen. Vor allem war es das Entdecken einer Vielfalt von Möglichkeiten mit Wortgottesdienst, mit bestimmten, auf spezifische Anlässe zugeschnittenen Meditationstexten oder Gebetsformen, und einen viel größeren Reichtum an Gedanken zu entwickeln. Wir haben auch rhythmische Messen und Jazz-Messen gestaltet. Da gab es auch eine neue Möglichkeit für Laien, sowohl in der Auswahl der Texte wie in der Lesung selber. Aber auch in der Interpretation und in der Gestaltung des Gottesdienstes haben plötzlich Leute eine Rolle gespielt, die früher an so etwas nicht einmal gedacht haben. Was heute in der kirchlichen Alltagspraxis ist, ist nur ein ganz kleiner Ausschnitt aus dieser seinerzeitigen Liturgiereformbewegung." *(Schüssel)*

„Ich war immer Vorbeter und Ministrant, und wir haben vieles schon gemacht, was noch nicht erlaubt gewesen war. Und nun plötzlich zu sehen, daß sich so etwas durchsetzt, daß der Hokuspokus lateinischer Tradition endlich durch volksnähere Meßgestaltung, durch mitgestaltende Laien abgelöst wurde, das war etwas, was wir erwartet und dann auch mit Freude aufgenommen haben." *(Fahrnleitner)*

Schon damals, innerhalb der sichtbaren, hörbaren offenen Begeisterung gab es Verunsicherung, Zweifel und Unbehagen. Waren es wirklich so wenige, daß sie so leicht zu übersehen und zu überhören waren?

„Die Liturgie ist als äußerliches Zeichen einer wirklich revolutionären Veränderung zutage getreten, und ohne die Details zu kennen, haben die Leute gesagt: da ist ja kein Stein auf dem anderen geblieben, die Kirche hat sich also weitgehend geändert, und da werden klare Ordnungsprinzipien durch das Suchen nach dem Neuen ersetzt." *(Fritz König)*

„Ich erinnere mich, daß ich zuerst verwundert und dann auch entrüstet war, daß hier an der Liturgie gebastelt wird. Bald nach dem Konzil wurde den Leuten das Glaubensbekenntnis in deut-

auch das Bewußtsein, gegen eine bedrängende Gefahr „Retter" zu sein. Bei aller geforderten pastoralen Klugheit muß diesen Personen ein hohes Maß an Rückgrat, ja an „Hartnäckigkeit" eigen sein. Zudem brauchen sie ein großes Quantum an Immunität gegen die Versuchung zum situations- und lebensgeschichtlich bedingten Kompromiß. Und da dieser in konkreten Seelsorgssituationen unverzichtbar ist, gehen auch die seelsorglichen Anteile in der Bischofsrolle immer mehr verloren: Im Zweifelsfall muß, um das Ziel der Kirchensanierung nicht zu verfehlen, die Bewahrung überkommener Ordnung dem Einzelschicksal vorgezogen werden. Bischöfe werden dann von der Bevölkerung nur noch als Hüter der (Sexual-) Moral und einer abstrakt verstandenen „Wahrheit" gesehen.

Nicht integrieren, sondern identifizieren

In allen Maßnahmen des neuen Kirchenkurses geht es um die Sicherung, ja Wiederherstellung der nach dem Konzil aufs Spiel gesetzten und in Teilbereichen sogar verlorenen christlichen Identität der Kirche.[33] Die Kirche muß, so Vertreter des neuen Kurses, für ihre eigene Zukunft eine Grundentscheidung zwischen Integration und Identität treffen. Die

bedeutet, ob die Kirche nur christomonistisch (also allein vom Amt her) oder auch charismatisch (im Rahmen der Lehre vom Heiligen Geist und seiner Geistgaben an alle Getauften) verstanden wird.

[33] „Ohne Zweifel waren die vergangenen Jahrzehnte von der Wahl zwischen 'Integration' und 'Identität' geprägt. Es hat den Anschein, als hätte man sich in Österreich zunächst eher für die Integration entschieden. Was meint Integration? Man hat in der Kirche die Einheit der Kirche eher im sozialen Verbund, eher in der affektiven Gemeinschaft, eher in der konfliktfreien Nachbarschaft und eher mit integrativ wirkenden Persönlichkeiten versucht. Der konfliktfreie Zusammenhalt wurde allmählich zu einem Hauptmerkmal der Kirche in Österreich. Niemand wird negativ beurteillen dürfen, daß Konflikte überwunden oder ausgeräumt werden. Man muß jedoch auch be-

scher Fassung zum Gebet vorgelegt; das war natürlich eine Katastrophe.
Das andere konnten sie auswendig, das ist gelaufen, und jetzt hat es nur Schwierigkeiten gegeben. Ich kann mich auch noch genau an eine Pfarrsitzung erinnern – ich war Oberministrant –, bei der ich mich zu Wort gemeldet und gesagt habe, daß ich keinen Grund sehe, warum wir die Leute unbedingt zwingen sollen, ein Gebet zu sagen, das sie zum Teil gar nicht mitsprechen können, weil sie keine Gläser mithaben und auch keine Texte zur Verfügung stehen. Der Vorsitzende war entrüstet und hat mir sofort das Wort entzogen. Es hieß, wir sind auf dem Wege der Erneuerung. Bald hat es ein Dutzend verschiedener Formen gegeben, wie man die Messe gestalten konnte. Ich sollte meine Ministranten anleiten, aber zehn verschiedene Varianten waren mir dann doch zu viel. Ich habe dann wirklich die Lust verloren, mir waren die tieferen Zusammenhänge nicht einsichtig." *(Wilde)*

„Das Konzil hat zur Reflexion aufgerufen, und da haben wir festgestellt, daß Latein nur eine der Sprachen war, in denen die Liturgie vom Volk gefeiert wurde. Jesus hat in Aramäisch gefeiert, dann kam Griechisch, weil das damals die Volkssprache war, und dann ist Latein gekommen, und das war auch wieder die Volkssprache. Eben deshalb mußte auch heute wieder die Volkssprache kommen, weil das die echte Tradition ist. Latein war eine Station, weil das Volk damals Lateinisch gesprochen hat. Ich kann nicht eine Sprache kultivieren und in den Mittelpunkt stellen; sie ist ein Mittel der Kommunikation, das mich Gott näherbringen muß, sonst nichts. Es ist immer die Tradition der Kirche gewesen, daß sie selbstverständlich jene Sprache als Sprache der Liturgie verwendet hat, in der die Menschen gesprochen haben." *(Schermann)*

Während das Konzil die Muttersprache und den Volksaltar als ergänzend zum traditionellen Ritus ermöglicht hatte, kam bald danach die Weisung aus Rom, die als Alternative angebotenen Ergänzungen verpflichtend und ausschließlich durchzuführen. Die „Traditionalisten" fühlten sich überfahren und sahen den „Buchstaben" fehlinterpretiert, die „Progressiven" fühlten sich bestätigt – ohne allerdings (wie später bei „Humanae Vitae") darüber nachzudenken, ob Weisungen dieser Art dem vielzitierten „Geist des Konzils" entsprachen.

„Daß der alte Text der Messe und die verschiedenen neuen Varianten, die vom Konzil zugelassen wurden, nicht gleichberechtigt waren, verstehe ich nicht. Es gab in der Tat eine Reihe von Jahren, da war der alte Text von Rom aus verboten, und da verstehe ich, daß man – auch im Sinne des Pluralismus – gesagt hat: Wenn jetzt fünf neue Varianten von Texten erlaubt sind, warum

Einheit der Kirche könne nicht durch Integration gegensätzlicher Kräfte, sondern nur durch Identität in der Wahrheit gelingen.[34] Seit dem Konzil gehe allerdings die „vorherrschende Tendenz in eine andere Richtung, nämlich zur Integration, wenn nicht zum Kompromiß“, was aber der Kirche nichts bringe, wie sich an den Kirchenaustritten zeige.[35] Die Integration sei „oft durch Suche nach Beifall und Akzeptanz, durch freundschaftliche Absegnung der größten Widersprüche“ und „Ausgewogenheit um des Friedens und nicht der Wahrheit willen“ charakterisiert.[36] Nach einer „‚gewissen Zeit der Krise’ und nach einer Zeit der Erneuerung habe die Kirche nun wieder die Aufgabe, ‚eine theologische, spirituelle und organisatorische Identität‘ an den Tag zu legen.“[37]

Die dem neuen Kirchenkurs verpflichteten Bischöfe haben es sich denn konsequenterweise auch zum Programm gemacht, im Konfliktfall nicht der Einheit zu dienen, sondern der Wahrheit. ‚Einheit und Gemeinschaft wachsen an der Identität des Geweihten’, stellt Weihbischof Krenn fest. Die Einheit der Identität der Kirche verlange daher die Person eines Bischofs, der sein Lehren und Tun als Gehorsam gegenüber der Wahrheit versteht.[38] Aufgabe der Bischöfe sei es daher,

achten, was in den zeitlichen Phasen der Integration in den Hintergrund getreten ist und nun sein Defizit spürbar macht“: So Weihbischof Krenn in seiner Kritik an der Kirche in Österreich bei einem Vortrag über „Katholische Kirche in Europa: Die Gemeinschaft im Handeln bedarf der Einheit im Glauben“, Kathpress intern vom 28.9.1990, 5.

[34] Siehe dazu: Weihbischofs Krenn (1988): 'Kirche muß sich für Identität entscheiden’, in: Kathpress vom 21.04.1988, 2/03.

[35] Weihbischof Krenn (1988): 'Kirche soll wieder mehr Identität zeigen’, in: Kathpress vom 14.06.1988, 2.

[36] Weihbischof Krenn (1988): 'Person des Bischofs ist Garant der Identität des Bischofs’, in: Kathpress vom 02.11.1988, 2

[37] Weihbischof Krenn (1987): 'Bischof Krenn für mehr 'theologische, spirituelle und organisatorische Identität der Kirche’, in: Kathpress vom 24.08. 1987, 1.

[38] Weihbischof Krenn (1988): 'Person des Bischofs ist Garant der Identität

ist dann der alte Text, der einige hundert Jahre lang gut genug war, jetzt verboten? Man wollte das Volk offenbar quasi mit Gewalt zu den neuen Formen hinführen, aber das war sicher falsch, und es hätte eine ganz Menge Ärger und Unmut im Kirchenvolk erspart, wenn man die alten Formulierungen auch beibehalten hätte. Das war einer jener Akte – es gab inzwischen viele –, wo der Papst hinterher glaubte, bei der Interpretation des Konzils für die ganze Kirche Disziplinregeln erlassen zu müssen, die wirklich nichts mit Glaubenswahrheiten zu tun haben. Jetzt darf man die alten Texte wieder verwenden.“ *(Feichtelbauer)*

Neben jenen, die die Veränderungen freudig nachvollzogen, erlebten auch viele Priester die Weisungen zur Gestaltung des Gottesdienstes als Überforderung.

„Die Geistlichen haben plötzlich Befehl bekommen, nicht mehr zum Altar, sondern ins Volk zu zelebrieren, nachdem sie – vor allem ältere Jahrgänge – im Priesterseminar auf ganz andere Denkkategorien hin gedrillt worden waren. Von einem damals 60–, 65–Jährigen war doch nicht zu verlangen, daß er sich von heute auf morgen innerlich umstellt. Wenn ich daran denke, daß wir im alten Katechismusunterricht die schlimmsten Höllenstrafen angedroht bekamen, sollten wir einmal eine Hostie in die Hand nehmen – und dann plötzlich wurde die Handkommunion eingeführt! Das war doch undenkbar!“ *(Gamillscheg)*

Die Irritation betraf aber keineswegs nur die älteren Jahrgänge, auch weitaus jüngeren Priestern fiel die Umstellung schwer.

„Nachdem schon klar war, daß die Muttersprache in der Messe eingeführt wird, habe ich einen befreundeten Priester gefragt, ob er denn wohl glaube, daß auch die Wandlungsworte, die zentrale Stelle der Heiligen Messe, wo die Verwandlung des Brotes in den Leib Christi und die Verwandlung des Weins in das Blut Christi gefeiert wird – ob auch diese zentralen Worte in der Muttersprache eingeführt werden; das habe ich mir damals als Pfarrer eigentlich nicht vorstellen können. Sie haben dann tatsächlich auch die Wandlungsworte verändert, und das war, für mich jedenfalls, eigentlich ein Schock. Ich würde auch sagen, daß die „Gymnastik“, also daß der Priester sich zu den Gläubigen dreht und nicht mehr zu Gott hinaufschaut und die Gläubigen hinter sich hat, daß diese Drehung für mich nicht leicht war und daß ich sie mir erst nach einer gewissen Weile anbequemt habe.
Es war also einerseits das Gefühl einer Erleichterung darüber, daß die Dinge in Fluß gekommen sind, daß man sagen konnte: Es ist alles nicht mehr so starr, wie es die letzten paar hundert Jahre war, man kann miteinander reden, und auf der anderen Seite auch das Gefühl eines Verlustes, und zwar des unwieder-

‚Irrtümer festzustellen und wirksam zu korrigieren'.[39] Seine Aufgabe sei es eben nicht zu integrieren (was womöglich gar nicht zusammengehören soll), sondern zu identifizieren: also zu scheiden, auszusondern.[40] Das Gefühl, einer historischen Mission zu dienen, fördert ihre Dickhäutigkeit. Ein dickes Fell über einer leicht kränkbaren Seele ist auch deshalb vonnöten, weil nur so die vorhersehbaren Leiden der Unpopularität auszuhalten sind. Die Unterstützung der Vorgesetzten, denen die neuen Bischöfe fast in schützend-blinder Treue ergeben sind, ist eine zusätzliche Hilfe auf dem unbequemen Weg der sanierenden Restauration der Kirche.

Ein neuer Kurs

Es verwundert nicht, daß im Zuge der Ernennung der „neuen Bischöfe" auch eine heftige Debatte um das II. Vatikanische Konzil und seine Folgen entbrannt ist. Ein Drittes Vatikanisches Konzil wird (symbolisch) gefordert, um das Scheitern des Zweiten anzudeuten.[41] Die Vertreter des „neuen Kurses" haben dabei stets mit Vorliebe auf negative

in der Kirche', in: Kathpress vom 02.11.1988, 2. – Bischof Küng betont unter Hinweis auf die Worte Papst Johannes Pauls II. ‚Das Gewissen verharmlost, wenn es allein gelassen wird und man ihm die Wahrheit vorenthält, den wichtigen Dienst der Kirche, den Menschen die Lehre des Glaubens und der Sitten deutlich zu verkünden', 'Empfängnisregelung: Für Gehorsam gegenüber dem Papst', in: Kathpress vom 14.08.1990, 1/02.

[39] So z. B. verweist Kardinal Ratzinger darauf, daß das II. Vatikanische Konzil kein Superdogma sei und falschen Schlußfolgerungen aus dem Konzil entschieden entgegenzutreten sei: einer Entsakralisierung der Liturgie, der Verwischung der einen katholischen Glaubenswahrheit. Man habe die Liturgie auf die Sprache und die Gesten des täglichen Lebens reduziert, in: Zeitung der Katholiken für Glaube und Kirche: ‚Zeitlos gültig bleibt das Wort des Herrn' 13.10.1986, S. 17.

[40] Weihbischof Krenn (1989): Kathpress: ‚Irrtümer feststellen und wirksam korrigieren', in: Kathpress vom 31.08.1989, 2.

[41] Auf solche verpackte Kritik am Zweiten Vatikanum reagieren andere Bi-

bringlichen Verlustes der sehr gediegenen Form der lateinischen Messe, die den Leuten, aber auch mir mit einer gewissen Schnödigkeit weggenommen worden ist – mich hat ja niemand gefragt, und wie ich zum Priester geweiht worden bin, war noch alles Lateinisch. Das Wort Schnödigkeit stammt von Heinrich Böll und bedeutet, daß man etwas von oben beschließt, und die Menschen, die davon sehr stark betroffen sind, nicht gefragt werden.“ *(Holl)*

Die meisten – wahrscheinlich die schweigende Mehrheit der Gläubigen und Priester – dürften die Veränderungen entweder gottergeben oder gehorsamsgewohnt zur Kenntnis genommen, zumindest aber ihren Groll oder ihr Unbehagen für sich behalten haben. Nur wenige sahen sie so distanziert wie *Hubert Feichtelbauer:*
„Wenn es darum geht, wie ich den Schöpfer und Erlöser dieser Welt verehre, dann kann doch die Frage, ob ich nach rechts oder nach links schaue, nicht entscheidend sein. Früher hat der Priester zum Tabernakel geschaut, wo Christus verewigt aufbewahrt ist, und heute schaut er zum Volk, spricht dieses an und bringt ihm die Botschaft – aber davon kann doch wahrhaftig die Würde Gottes nicht abhängig sein. Wahr ist, daß die meisten Leute das als die größte Änderung empfunden haben, die Umkehr sozusagen auch optisch: da dreht sich alles gegenüber bisher um. Das war einer der Aspekte, die ich nicht verstanden habe; sie erschienen mir nicht bedeutsam.“

Von der Liturgie abgesehen, gab es einige Bereiche, in denen Aufbruch und Veränderungen weitgehend problemlos über die Bühne gingen.

„Es hat eine vermehrte Reflexion darüber begonnen, was Jesus wirklich wollte. In Bibelkreisen hat man nun angefangen, die Bibel ganz anders zu sehen, daß das nämlich kein Buch mit sieben Siegeln ist, sondern ein Buch, das sich sehr wohl öffnet.“ *(Schermann)*

„Zunächst haben wir gelernt, doch ein bißchen theologisch zu denken, Positionen zu hinterfragen. Hunderte Menschen sind zu theologischen Veranstaltungen gekommen und haben sich auch tatsächlich ernsthaft auseinandergesetzt. Ein wirklicher Aufbruch war es auch, daß sich Laien stärker für die Kirche und für die Weitergabe des Glaubens verantwortlich gefühlt haben. Ich denke an die Kommunionmütter, an die Firmhelfer, an die Religionslehrer, aber auch an die Pfarrgemeinderäte, die zu Beginn sehr schüchtern an die Arbeit gegangen sind und sich zunächst mehr mit Verwaltungsfragen beschäftigt haben.“ *(Ploier)*

Nebenwirkungen dieses Konzils verwiesen, die es nunmehr zu bekämpfen gelte.

Als Charakteristika der Konzilskirche werden ausgemacht: Freiheitlichkeit, Respekt vor dem Subjekt, eine Pastoral der Begleitung eigenverantwortlicher erwachsener Menschen, damit Selbstverantwortung, Einsicht, Mündigkeit, und als umgreifende Voraussetzungen im Kirchenklima Offenheit, Wertschätzung des Reichtums der Vielfalt, Dialog mit allen, damit kleine und große Ökumene, eine neue Einstellung zur Sexualität, zur Frau. In all diesen Teilpositionen gelte es, ohne das Konzil grundsätzlich zu verwerfen, kirchenpolitisch eine neue Position zu beziehen.

Mit einem im Kreis der Anhänger des neuen Kirchenkurses als Motto zitierten alttestamentlichen Text kann kurz bildlich zusammengefaßt werden, worum es letztlich geht. Der Text entstammt dem Buch des Propheten Nehemia. Um das Jahr 445 vor Christi Geburt war Nehemia nach Jerusalem gesandt worden, um die Stadt wieder aufzubauen. Sie war den Kriegswirren zum Opfer gefallen. In Jerusalem teilte er den Vornehmen und Beamten sein Anliegen so mit:

„Ihr seht, in welchem Elend wir leben:
Jerusalem liegt in Trümern, und seine Tore sind abgebrannt.
Gehen wir daran und bauen wir die Mauern Jerusalems wieder auf.
So machen wir unserer Schande ein Ende.“
(Neh 2,17)

Inzwischen hat der Mauerbau begonnen, der Dialog steht nicht mehr in gutem Ruf. Die ökumenische Bewegung ist

schöfe sehr entschlossen: „Selbst wenn die Kirchenleitung hinter das Zweite Vaticanum zurück wollte, könnte sie es nicht, und sie will es auch nicht“, so der Rottenburger Bischof Walter Kasper (Kathpress vom 3.1.1990, 6). Auch Kardinal König mußte das Zweite Vatikanum vor Kritikern in Schutz nehmen (Kathpress vom 12.6.1990,1).

„Der Begriff des Volkes Gottes ist bis ins letzte Dorf gegangen, damit war eine neue Möglichkeit der Identifikation mit Kirche möglich. Das heißt jetzt nicht, daß alle unbedingt für fortschrittliche Veränderungen waren, aber doch, daß die Kirche jetzt mehr ihre eigene Sache ist und nicht mehr nur Sache des Pfarrers." *(Krims)*

Mario von Galli meinte, Johannes XXIII. hätte die Vorstellung von einer synodalen Kirche gehabt. Darin sollte das veränderte Kirchenbild, in dem alle gemeinsam – auch die Laien – das Geschehen in der Kirche mitbestimmen, zum Ausdruck kommen. Die erste Wiener Diözesansynode beispielsweise wurde von allen Beteiligten als Bestätigung des Aufbruchs der Kirche erlebt – anderen war auch das zu wenig.

„Die ersten Diskussionen waren wirklich ein Erlebnis: Kirche im Gespräch, alle möglichen Richtungen kommen zu Wort, es gibt heftige Auseinandersetzungen. Vieles hat an die Frühzeit der Kirche erinnert." *(Blasche)*

„Wir haben damals gesamtösterreichisch sogenannte Räubersynoden – so haben wir sie selber genannt – gegründet, haben uns regelmäßig zusammengesetzt und wirklich intensiv gearbeitet. Viele junge Kleriker und Studenten haben dabei mitgetan. Es war ein selbsterarbeitetes Feld, und deshalb war es so spannend. Diese Räubersynoden waren über ganz Österreich verstreut, und es waren auch immer Leute aus ganz Österreich dabei, aus Kleinstädten, aus größeren Städten und aus den Dörfern. Manchmal waren 100, 150 oder 200 Leute da, die gemeinsam diskutiert und gestritten, aber auch etwas Konkretes hergestellt haben. Es sind Texte entstanden – ich selber habe beispielsweise ein kleines Liederheft, eine Sammlung von rhythmischen Liedern zusammengestellt – , von denen haben wir tausende und abertausende Exemplare verkauft. Die sind kursiert, sind kopiert und weitergegeben worden. Man soll die Breitenwirkung solcher vergleichsweise kleinen Veranstaltungen und ihrer Tendenzen nicht unterschätzen. Die jungen Leute, Kleriker oder Kapläne, haben in ihren Heimatgemeinden ihre Pfarrer unter Druck gesetzt, es auch so zu machen. So sind dann gewisse Reservate geschaffen oder ermöglicht worden." *(Schüssel)*

Auch in der Ökumene kam vieles in Bewegung, Kontakte an der Basis wurden – nach anfänglichen Überraschungen – zur Selbstverständlichkeit.

„Eines der bewegendsten Erlebnisse bei den ersten ökumenischen Morgenfeiern im Rundfunk war, daß wir damals erst – auch ich, ich gestehe es – erkannt haben, daß es ein gemeinsa-

kein Anliegen der neuen Bischöfe mehr. Die katholische Kirche hat neuerlich angefangen, sich abzugrenzen und einzuigeln. Die Kirche soll wieder, wie vor dem Konzil, „Festungskirche“ werden.

Der Innsbrucker Bischof beschrieb diese Festungskirche mit folgenden treffenden Bildern: Sie ist „eine Kirche, die sich in einer säkularisierten Welt fundamental bedroht weiß und darum die Bastionen auszubessern versucht. Ich meine die Bastionen und Kasematten der bergenden Autorität und der Disziplin und die Wachtürme der Orthodoxie. Das ist durchaus verständlich und da und dort auch nötig. Aber man muß aufpassen, daß man sich nicht so verhält wie weiland der König Achaz, der bei der Wasserleitung des oberen Teiches in Jerusalem die Befestigungsanlagen besichtigte, weil die feindlichen Könige heranzogen. Isaias hat ihm dort an der Walkerfeldgasse eine Verheißung gebracht, aber angesichts der strategischen Bedrohung Jerusalems hat der König auf den milden Ton dieser hoffnungsvollen Botschaft gar nicht hingehört . . .

Die Sprache der Festungskirche hat immer den dumpfen Unterton der Angst. Es schwingt in ihr ein überdimensionierter ‚Böse-Welt-Komplex‘, und sie teilt das tiefe Bedürfnis aller Bunkerbauer, überall Betonverstärkungen anzubringen. Die Sprache ist notwendigerweise stark traditions- und autoritätsakzentuiert, vermeidet jede ungewohnte Formulierung, und um die Rechtgläubigkeit abzusichern, schwelgt sie in Zitationen – eine Aussageform, die bei aller objektiven Richtigkeit eine tödliche Langeweile und Atmosphäre der Unpersönlichkeit verbreitet. Es ist eine Sprache, in der das „Es“ dominiert. Sie neigt zu Paragraphierung und Definierung des Glaubens, und die sprachliche Bewegungsmöglichkeit wird eng wie in Minenfeldgassen, die keine Ausritte dulden. Natürlich ist Definition des Glaubens manchmal als Notbremse unumgänglich. Aber die Sprache der Festungskirche wird steril, zu reiner Insidersprache, die nur für die dünner wer-

mes Vater-Unser gibt. Die meisten Zuschriften und Reaktionen bei den ersten ökumenischen Morgenfeiern haben in fast explosiver Weise die Begeisterung zum Ausdruck gebracht, daß es da ein gemeinsames Vater-Unser gibt. ‚Wir sind jetzt schon 50 oder 60 Jahre alt und haben das nicht gewußt', haben viele geschrieben." *(Karlberger)*

Nach einigen Umstellungsschwierigkeiten wurde für viele auch die Religionsfreiheit zur Selbstverständlichkeit, ebenso wie das neue Verhältnis zum Judentum allmählich zur Kenntnis genommen wurde.

„Für uns war vorher völlig klar, daß es nur eine wahre Religion gibt und daß alle anderen im Irrtum sind – und jetzt plötzlich Religionsfreiheit! Das sah im ersten Moment wie ein Widerspruch aus, weil wir uns gefragt haben: ‚Sind wir jetzt die einzig wahre Religion oder haben die anderen auch Wahrheit?' Es war irritierend, weil es im Widerspruch zu dem gestanden ist, was man im Religionsunterricht gelernt hatte, aber dann war es auch wieder befreiend. Das hieß also, daß in den anderen Religionen offensichtlich auch Wahrheit stecken muß, sonst könnte es ja keine Religionsfreiheit geben. Ein weiterer Punkt, der uns aufgefallen ist, war das Verhältnis der katholischen Kirche zu den Juden. Das war eine Parallele zur Religionsfreiheit, weil das Judentum zwar auf der einen Seite in bezug auf das Alte Testament gelehrt worden ist, aber doch sehr stark unter dem Aspekt, daß die Juden eigentlich schuld sind am Tode Christi. Dieser Beginn eines neuen Verhältnisses, das war schon etwas, was uns auch betroffen hat." *(Krims)*

Während heute das Thema „Frau in der Kirche" aus der Diskussion kaum mehr wegzudenken ist, blieb die Katholische Frauenbewegung in Österreich – im Gegensatz zur Bundesrepublik Deutschland – unmittelbar nach dem Konzil noch völlig im Hintergrund.

„Die Katholische Frauenbewegung hat all das nicht wahrgenommen, was schon im Gesellschaftlichen, im profanen Bereich, an Frauenbefreiungsbewegung aufgebrochen ist und was auch schon Johannes XXIII. prophetisch in manchem hat anklingen lassen – daß eben jetzt auch die Zeit der Frau anbricht. Die Frauenbewegung ist zwar nach dem Konzil verstärkt in Aktion getreten, aber nicht auf dem frauenspezifischen Sektor. Die Frauen haben ihre Laienverantwortung wahrgenommen, sie sind auch im verstärkten Maße in liturgische Funktionen eingetreten, selbständiger vor allem im sozial-karitativen und auch im Bereich Glaubensverkündigung, auch als Religionslehrerinnen, aber nicht aus einem starken Frau-Bewußtsein. Erst allmählich haben

dende Besatzung gedacht ist, die in den festen Gewölben der unbestrittenen Autorität liegt. Es ist keine Sprache, die Tore aufmacht. Für den Außenstehenden, ja sogar für den Überläufer erhält sie den Charakter des rostigen Stacheldrahtverhaus, der die Lust zum weiteren Vordringen verleidet."[42]

Machen wir aber so unserer Schande wirklich ein Ende? Gibt es keinen anderen Weg aus jenen Krisen, die bei der Begegnung der Kirche mit der modernen Welt unvermeidbar entstehen mußten? Mit diesen beiden Fragen schließen wir unseren Essay über das Konzil und seine Folgen: Aufbruch oder Untergang? Wir versuchen die Folgen des neuen Kirchenkurses auszumachen, um dann abschließend einige alternative pastoralen Konsequenzen aufzuzeigen.

[42] Bischof R. Stecher, Ringen um die Sprache. Referat beim Dreiländertreffen der katholischen Publizisten der Bundesrepublik Deutschland, der Schweiz und Österreichs sowie deutschsprachiger Kollegen aus anderen Ländern Europas am 22.9.1990 in Wels.

sie gesellschaftlichen Rückenwind bekommen. Die Bewegung, die durch das Jahr 68 ausgelöst wurde, ließ sich dann auch nicht mehr vor den österreichischen Kirchentüren abblocken, aber es ist erst sehr spät festzumachen gewesen. Auf dem Katholikentag 1983, bei dem es in der Vorbereitung eine eigene Frauentagung gab, da sind Frauenfragen erstmals gesamtösterreichisch-kirchlich stark artikuliert worden." *(Klein)*

Sogar im Wirtschaftsbereich soll das Zweite Vatikanum Spuren hinterlassen haben.

„Ein Anstoß von diesem Konzil war, daß in weiteren Kreisen der Wirtschaft – ich sage bewußt nicht in weitesten Kreisen – die Frage Ethik und Wirtschaft ein ernstes Diskussionsthema geworden ist. Manchmal sicher auch – ich sage jetzt etwas sehr Hartes – ein Alibi: am Samstag hat man einen Kardinal aus Rom einfliegen und sich berieseln lassen, hat alles wunderbar gefunden, und am Montag ging alles so weiter wie vorher; also window-dressing auch im schlechten Sinn. Aber ich stelle doch fest, daß bei einem großen Teil – ich merke auch bei einem Teil der wirtschaftlichen Führungsgeneration – wieder ein stärkerer Bezug zu religiösen Werten vorhanden ist. Nicht nur, was das Praktizieren betrifft, sondern doch auch ein Sich-mehr-Besinnen auf die geistigen Wurzeln des Wirtschaftlichen und zu versuchen, das manchmal etwas brutale und mit den kirchlichen Geboten nicht immer im Einklang zu bringende wirtschaftliche Verhalten im Alltag damit zu verbinden." *(Krejci)*

Im politischen Bereich hatte Österreich längst Vorarbeit geleistet. Die schlechten Erfahrungen der Ersten Republik mit ihrer Verstrickung von Kirche und Staat hatten problemlos dazu geführt, Kirche und politische Parteien zumindest offiziell auseinander zu halten. Dennoch war die innere Wertverbundenheit auf der einen (ÖVP) und Mißtrauen auf der anderen (SPÖ) Seite im Bewußtsein vieler noch stark verankert. Und die Erkenntnis, daß sich die Kirche auch in wichtigen Fragen nicht mehr automatisch auf die Seite der Volkspartei stellte – am spektakulärsten in diesem Zusammenhang war die Diskussion um die Fristenlösung – und in manchen Fragen sogar mit den Sozialisten sympathisierte, tat vor allem älteren ÖVP-Politikern weh. Die Katholiken in der SPÖ (die ACUS als geistige Nachfolgerin der „Religiösen Sozialisten" in der Ersten Republik) fühlten sich hingegen sowohl in der Kirche wie in ihrer Partei nur widerwillig akzeptiert.
Das Zweite Vatikanum – besonders unterstützt von Kardinal König und Bundeskanzler Kreisky – zwang beide Parteien zum Umdenken.

„Innerhalb der Kirche hat es viele gegeben, die unseren Versuch,

3. Die Folgen des neuen Kirchenkurses

Im Rahmen der religions- und kirchensoziologischen Langzeitstudie „Religion im Leben der Österreicher“[43] konnten in der Erhebung des Jahres 1990 auch einige Erkenntnisse darüber gewonnen werden, wer in der Bevölkerung den neuen Kirchenkurs unterstützt und welche Auswirkungen er bisher gezeitigt hat.

Ich will hier nicht eine detaillierte Analyse der einschlägigen Daten vorlegen. Eine solche habe ich zusammen mit dem Vorarlberger Soziologen Hermann Denz bereits als vertrauliches Dossier für die österreichischen Bischöfe erstellt und diesen im Oktober 1990 übermittelt. Hier referiere ich lediglich jene Erkenntnisse, die nicht der Vertraulichkeit unterliegen, weil sie nicht Bekanntheit, Ansehen und Wertschätzung der einzelnen Bischöfe unmittelbar berühren:

1. Aus der Sicht der Bevölkerung bilden die Bischöfe Groer, Krenn, Eder, Küng eine homogene Gruppe. Diese „neuen Bischöfe“ repräsentieren für die Leute – unabhängig vom Selbstverständnis dieser Bischöfe – einen „neuen Kirchenkurs“.

2. Dieser neue Kirchenkurs stößt in der großteils katholi-

[43] Wir stützen uns dabei auf eine Sekundäranalyse der im zweiten Viertel des Jahres 1990 (vom Fessel-Institut durchgeführten und mit Mitteln des Fonds zur Förderung der wissenschaftlichen Forschung ermöglichten) religionssoziologischen Erhebung. Der Projekttitel der bislang noch unveröffentlichten Studie lautet: „P. M. Zulehner u. H. Denz, Religion im Leben der Österreicher 1990“.

gemeinsame Plattformen und Arbeitsgemeinschaften zu bilden, mit Mißtrauen gesehen haben. Sie meinten, daß wir nur aus wahltaktischen Gründen gutes Wetter machen wollen. Und innerhalb der SPÖ hat es vor allem bei den Älteren Vorbehalte gegeben, die darauf hingewiesen haben, daß es schließlich die katholischen Pfarrer waren, die die Kanonen des Bundesheeres gesegnet haben, mit denen 1934 auf die Gemeindebauten geschossen worden ist, und den sogenannten christlichen Ständestaat mit allen ihnen zur Verfügung stehenden Mitteln gestützt haben. Dieses Mißtrauen hat es auf beiden Seiten gegeben. Aber trotzdem ist aufgrund dieser unerhörten Publizität des Konzils ein anderes Klima entstanden.“ *(Blecha)*

„Ich habe in meinem Bekannten- und Freundeskreis sehr oft Menschen getroffen, die meiner Meinung nach völlig falsche Schlüsse gezogen haben: die Kirche habe nun endgültig ihren veralteten Werteballast abgelegt und sich in dem Sinn modernisiert, daß Wertvorstellungen, die heute nicht mehr akzeptiert werden, weggeworfen wurden; die Kirche sei nun zum besseren Arbeitsamt oder zur Sozialinstitution geworden. Das habe ich als negative Begleiterscheinung betrachtet, weil das jedenfalls nicht die Hauptaufgabe der Kirche ist. Die Kirche hat eine pastorale Aufgabe – das impliziert natürlich auch die Motivation zum sozialen Engagement –, die Kirche hat aber nicht die Aufgabe, ein Sozialministerium zu ersetzen oder Sozialpolitik im Sinne der politischen Parteien zu betreiben.“ *(Mock)*

Allgemein wird der Eindruck vermittelt, als hätte mit dem Konzil eine Zeit begonnen, in der sich alle Werte veränderten, das unterste zuoberst gekehrt, alles anders und möglich wurde.

„Das ist ja gar nicht wahr. Das Konzil ist einen äußerst vorsichtigen und behutsamen Weg der Öffnung gegangen. Wir haben auch damals immer wieder Konflikte gehabt mit unseren Oberen, die heute als die strahlenden Progressiven und Liberalen gewertet werden. Kardinal König zum Beispiel, der heute manchmal als der ‚rote‘ Kardinal oder als Ultraprogressist dargestellt wird, hat uns immer wieder auf den Teppich zurückgeholt, völlig legitim und richtig wahrscheinlich. Aber es war wirklich nicht so, daß da die Ermunterung gewesen wäre, wir sollten nur fest weiterexperimentieren.
Es hat schon damals viele Bewegungen gegeben, die weit über das Konzil hinausgegriffen haben, genauso wie es andere gegeben hat, auch damals schon, die gewarnt und gesagt haben, daß das Abendland untergeht. Es gab damals schon eine sehr polarisierte Auseinandersetzung, die auch bei den österreichischen Synoden und in Einzelkonflikten deutlich geworden ist.“ *(Schüssel)*

schen Bevölkerung mehrheitlich (bei 53%) auf Desinteresse. Das ist ein Moment an der in den letzten Jahren gewachsenen „neuen Gleichgültigkeit“ an der Kirche.[44] Kirche wird von einer wachsenden Zahl der Österreicher „nicht einmal mehr ignoriert“ (Helmut Qualtinger).

SCHAUBILD 1: Zustimmung zum und Ablehnung des NEUEN KIRCHENKURSES in Österreich

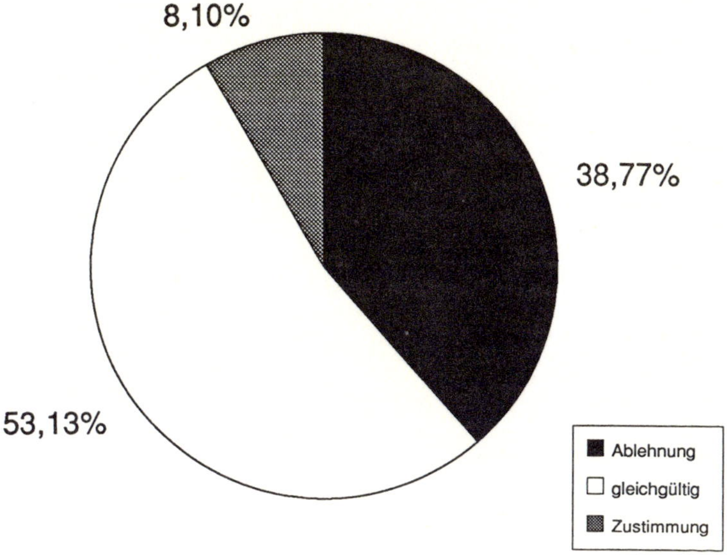

[44] Besonders deutlich wird diese „neue Gleichgültigkeit“ bei Fragen hinsichtlich des Priestermangels. Die Bevölkerung befürchtete insgesamt 1990 weitaus weniger Nachteile für den Fall, daß ihre Gemeinde keinen Pfarrer mehr haben sollte, als 1980.

Der Teufel der „New Yorker“-Karikatur scheint also insgesamt ein recht gemäßigter „böser Geist“ gewesen zu sein. Saß er nicht vielleicht dort, wo ihn niemand wahrnehmen wollte? Nicht „im Detail“, aber in einer dunklen Ecke?

3. Zunehmende Probleme und Konflikte

Eine kritische Auseinandersetzung mit dem Zweiten Vatikanum scheint weitgehend tabu zu sein. Da sich alle auf das Konzil berufen, bemängeln die sogenannten Traditionalisten angebliche oder tatsächliche Fehlinterpretationen, während die sogenannten Progressiven den „Geist des Konzils“ beschwören.
Gab es nicht – jenseits der zunehmend starrer werdenden Fronten – tatsächlich auch Mängel, Lücken oder Zwiespältigkeiten, in denen Konflikte vorprogrammiert waren? Hat nicht gerade das Ignorieren von Nicht-Eindeutigkeiten der heute gespannten Situation zumindest Vorschub geleistet? Oder auch die Tatsache, daß „Traditionalisten“ ebenso wie „Progressive“ dazu neigen, Pluralität immer nur jeweils für den eigenen Standpunkt in Anspruch zu nehmen?

Kompromisse

„Das Zweite Vatikanum hat auch ein bißchen etwas von einem Grundsatzprogramm einer großen Partei an sich. Alle wichtigen Gruppierungen – in einer Partei würde man sagen Fraktionen – bekommen ein Stückchen Dokument. So kann jede halbwegs wichtige Gruppierung in der katholischen Kirche ihr Zweites Vatikanum interpretieren, indem sie auf ‚ihr‘ Stück Dokument verweist. So könnte man zur Unterstützung des Bildes der vom klerikalen Diktat gelösten emanzipierten Laien an „Gaudium et Spes“ erinnern, während andere wieder die Mariologie des Zweiten Vatikanums anführen könnten. Ein bißchen ist also für jedermanns Geschmack drinnen, und das macht die Unschärfe und die Beliebigkeit des Zweiten Vatikanums aus.“ *(Pelinka)*

Zwiespältigkeiten

„Was die innerkirchlichen Strukturen betrifft – abgesehen von einer allgemeinen Kollegialität der Bischöfe, die deren Position in einer sehr unverbindlichen Form gegenüber dem Pontifikat gestärkt hat –, hat es strukturell im Zweiten Vatikanum wenig gege-

3. Unter denen, die sich für die innerkirchliche Entwicklung (noch) interessieren (47% der Bevölkerung), ist ein Fünftel für den neuen Kirchenkurs, vier Fünftel lehnen ihn ab. Bezogen auf die Gesamtbevölkerung sind das 8% Unterstützer und 39% Ablehner.

4. Aus diesen Ergebnissen geht hervor, daß der neue Kirchenkurs in der Bevölkerung nur eine sehr schmale Basis besitzt, was gleichzeitig bedeutet, daß er der Mehrheit zumal des Kirchenvolkes bisher nicht einsichtig gemacht werden konnte.

SCHAUBILD 2: Zustimmung und Ablehnung des NEUEN KIRCHENKURSES in Österreich

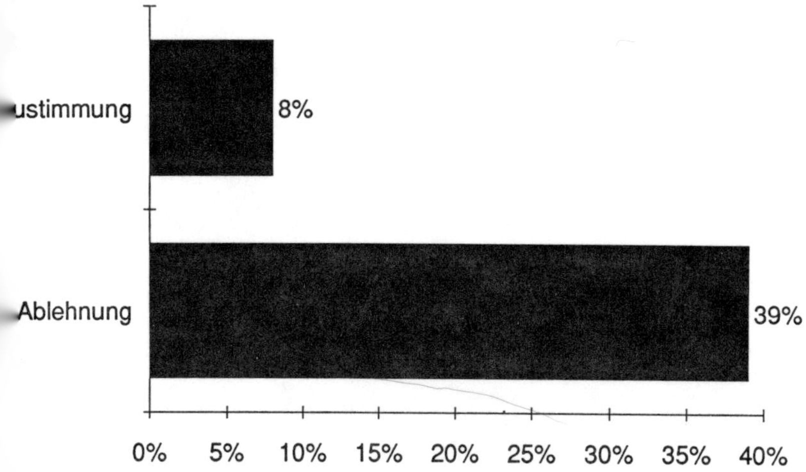

[Quelle: P.M.Zulehner, Religion im Leben der Österreicher 1990]

5. Aus diesen Daten zum neuen Kirchenkurs ergeben sich zwei mögliche Zukunftsszenarien, die einander nicht aus-

ben. Nun gibt es in der katholischen Kirche immer die Neigung – ich würde es als Flucht bezeichnen –, Strukturfragen für weniger wichtig zu halten. Und das ist natürlich eine herrliche Situation für die, die vom status quo profitieren. Wenn man Zustände verändern will – das gilt für die Kirche genauso wie für andere gesellschaftliche Einrichtungen –, muß man ganz wesentlich die Strukturfrage thematisieren." *(Pelinka)*

„Dazu kommt noch, daß einige Grundprobleme nicht ausreichend durchdacht sind. Zum Beispiel das Verhältnis der päpstlichen Autorität und Unfehlbarkeit, die das Erste Vatikanum festgeschrieben hat, zur neuen Kollegialität der Bischöfe. Vielleicht ist das ein Desiderat für das Dritte Vatikanische Konzil." *(Pawlowsky)*

„In der Konstitution über die Kirche in der Welt von Heute wird einerseits der Wehrdienstverweigerung ein großer Spielraum eingeräumt, andererseits werden aber auch die Soldaten gelobt. Da ist also eine Ambivalenz, die viel zu wenig beachtet wird." *(Schima)*

Lücken

„Das Thema Empfängnisverhütung brannte allen Bischöfen unter den Nägeln, aber Paul VI. hat das Konzil als unfähig bezeichnet, diese Frage zu lösen, und hat es herausgenommen. So war es auch mit dem Thema Zölibat." *(Kaufmann)*

„Es hat drei Fragen gegeben, die auf dem Konzil weggeschoben oder eingebremst wurden, und alle drei Fragen bezogen sich auf die Sexualität. Freud und die Tiefenpsychologie sind ja nicht eingeflossen in die kirchliche Reflexion. Sexualität – Zölibat, Empfängnisregelung, Scheidung und so weiter – das ist ein Gebiet, wo das Konzil, glaube ich, doch sehr unsicher war, wo es auch um Tabus ging, an die man nicht rühren wollte. Mit Müh und Not kann man es als einigermaßen großen Fortschritt registrieren, daß die Fortpflanzung nicht mehr als alleiniger Ehezweck bezeichnet wurde, sondern auch der Liebesbund zwischen zwei Menschen. Hier ist die Kirche auch heute noch sehr zurück und hat noch immer nicht den richtigen Weg gefunden. Das ist immer noch die uralte Angst vor der Frau, das spielt immer noch eine viel größere Rolle, als uns überhaupt bewußt ist." *(Schermann)*

Mängel

„Sicher ist es ein Mangel des Zweiten Vatikanums, daß sich das Konzil so sehr mit den Laien und mit dem Amt des Bischofs be-

schließen, sondern wie zwei Phasen auch hintereinander abfolgen können: konfliktreiche Polarisierung oder (/und längerfristig) lautloser Auszug der freiheitsbewußten Gebildeten.

Szenario 1: Zunahme an innerkirchlichen Konflikten

6. Das erste Szenario geht davon aus, daß es auch in der nächsten Zeit nicht gelingen wird, die Mehrheit des (auch des engagierten) Kirchenvolks von der Sinnhaftigkeit und Notwendigkeit des neuen Kirchenkurses zu überzeugen. Dann wird sich der neue Kirchenkurs selbst als höchst konfliktproduktiv erweisen. Die schon begonnenen Lagerbildungen und gegenseitigen Belagerungen werden sich verstärkt fortsetzen. Appelle von „neuen Bischöfen“ gegen solche Lagerbildungen[45] werden wenig Auswirkung haben.

(a) Lagerbildung und gegenseitige Belagerung werden gewiß von den „neuen Bischöfen“ nicht beabsichtigt, aber dennoch durch sie offenkundig verursacht. Die „neuen Bischöfe“ vermögen kaum zu integrieren (was auch nicht primäres Ziel ihrer Amtsauffassung ist). Das Kirchenvolk nimmt auch nicht wahr, daß sie in Wahrheitsbelangen „identifizieren“. Auf Grund der Daten steht aber fest, daß die „neuen Bischöfe“ das Kirchenvolk polarisieren.

(b) Für die pastorale Beurteilung einer solchen Polarisierung ist entscheidend, daß diese nicht durch Stellungnahme zum Evangelium und seinen existentiellen Herausforderungen, seiner Umkehrpredigt, seiner Einladung zu einem Leben in Liebe und Solidarität hervorgerufen wird, sondern durch profane Ursachen, die in Verbindung stehen mit einer funktionalen Religiosität. Die Gründe, die bischöflicherseits den

[45] So wandte sich der Vorarlberger Bischof Küng gegen „Lagerdenken“ in der Kirche: in Kathpress vom 16.10.1990, 2f.

schäftigt hat, aber auf den Pfarrer, auf den Priester – so hat man den Eindruck – fast vergessen hat. Wir sollen sehen, daß dadurch viele Priester tatsächlich in eine Identitätskrise gekommen sind. Das führte auch dazu, daß es heute Priester gibt, die sagen: Jetzt kann sowieso schon alles der Laie machen, mir bleiben nur mehr das Bußsakrament und die Wandlungsworte. Sicher hat der Priestermangel auch mit dieser Verunsicherung zu tun.“ *(Ploier)*

„Die erste Enttäuschung habe ich bei der Behandlung der Fragen, die mich von Berufs wegen besonders interessiert haben, erlebt. Als das Thema Massenmedien, soziale Kommunikation, Journalismus auf die Tagesordnung kam, obwohl die Vorbereitungen sehr unzulänglich waren, da geschah das deshalb, weil man mit dem Thema, das vorgesehen war, nicht vorankam. Und so ist ‚Intermerifica‘ ein Dokument geworden, das, glaube ich, heute von niemandem mehr ernsthaft als Glanzstück des Konzils verteidigt wird. Man hat sich dann hinterher mit der nachkonziliaren Konstitution ‚Communio et Progressio‘ umsomehr Mühe gegeben, aber die erste Chance, ‚Intermerifica‘ gut zu machen, die hat man versäumt.

Pius XII. hatte in einer Rede vor dem Weltkongreß der katholischen Presse – im Jahr 1950, glaube ich – den Satz gesagt: Die Kirche ist ein lebendiger Organismus, sie ist ein Sozialkörper; jeder Sozialkörper, der lebendig ist, muß eine öffentliche Meinung haben, auch eine kritische, und abgesehen von Glaubensfragen muß eben daher auch in der Kirche eine lebendige öffentliche Meinung stattfinden. Das ist in keinem Dokument des Konzils noch einmal mit solcher Klarheit ausgesprochen worden. In ‚Intermerifica‘ schon gar nicht, aber auch ‚Communio et Progressio‘ läßt die Eigengesetzlichkeit der Massenmedien und der Welt, in der sie wirken, unversöhnt und unverbunden nebeneinander stehen. Das klingt so ganz nach Autonomie, aber auf der anderen Seite heißt es, daß die Medien in den Dienst der Glaubens- und Wahrheitsverkündigung und der Erziehung der Menschen zu treten hätten. Das ist nicht dasselbe wie die öffentliche Meinung als Struktureigenschaft und Lebensnotwendigkeit eines Sozialkörpers Kirche. Da, finde ich, ist das Konzil hinter dem von Pius XII. damals schon Erreichten zurückgeblieben – mit den Folgen, die man spürt.“ *(Roegele)*

(Im September 1990 hat Papst Johannes Paul II. die Medien als „Werkzeug der Sünde“ bezeichnet)

neuen Kirchenkurs kirchenpolitisch rechtfertigen sollen, sind somit andere als jene, aus denen heraus ein kleiner Teil der Bevölkerung den neuen Kirchenkurs unterstützt bzw. ein größerer Teil diesen ablehnt.

* Die „neuen Bischöfe“ bewegt (wie die Analyse ihrer öffentlichen Aussagen zeigt):

- die Sorge um den Identitätsverlust der Kirche im Zuge eines zu offen geführten schutzlosen Dialogs nach dem II. Vatikanischen Konzil;

- die Überwindung der in den letzten Jahrzehnten (insbesondere nach dem II. Vatikanischen Konzil) sich ausbreitenden Verweltlichung des Kirchenvolks, von Theologen gefördert und von Bischöfen nicht hinreichend verhindert;

- deswegen gilt die vorrangige Aufmerksamkeit all denen, die im Namen der Kirche reden und ihre Lehre verbreiten: Religionslehrer, Theologieprofessoren, Medienleute.

- Ihr Ziel ist die Sanierung, ja Restaurierung der Kirche auf allen Ebenen, vor allem des Kirchenvolks von ihren (verschütteten) spirituellen Quellen her durch „Neuevangelisierung“.

* Die Gründe für die Unterstützung bzw. Ablehnung des neuen Kirchenkurses in der Bevölkerung sind hingegen andere:

- Sie kommen aus dem Umkreis einer rein funktional verstandenen Religiosität, in deren Rahmen Personen ihr elementares Sicherheitsbedürfnis und ihren Wunsch nach verläßlicher lebensmäßiger Beheimatung stillen wollen;

- diese Gestalt der Religiosität ist wiederum verwoben mit der psychischen Überlebensstrategie des Autoritarismus;

- im Umkreis beider spielt schließlich Bildung eine gewichtige Rolle.

Bremsen beginnen zu wirken

Für die Pfarrgemeinden und den einzelnen Gläubigen waren die Bäume wichtiger als der Wald. Und wenn man verschiedenen Aussagen Glauben schenken darf, so begannen die „Bremsen" bei der Umsetzung der Konzilsbeschlüsse – zumindest in Österreich – relativ bald zu wirken. Offensichtlich gab es aber Schwierigkeiten, die Neuerungen zu verstehen und weiterzugeben.

„Ich habe meinen früheren Jugendseelsorger einmal gefragt: ‚Sind das nicht aufregende Entwicklungen, die sich auf diesem Konzil abzeichnen? Verfolgen Sie das?' Und er hat mir zur Antwort gegeben: ‚Nein, ich verfolge das eigentlich nicht, ich werde dann schon im Diözesanblatt lesen, was geändert wird.' Er hat dann treu gemacht, was im Diözesanblatt gestanden ist, aber er hat das Aufregende und die geistige Entwicklung völlig ignoriert. Wenn der Entwicklungsprozeß an den Gläubigen vorbeigeht, weil der Seelsorger darüber nicht spricht, dann führt das natürlich dazu, daß ihnen etwas vorgesetzt wird mit dem sie vielleicht nichts anfangen können, oder es werden, ohne daß sie verstehen, warum das so ist, Traditionen abgeschafft, die ihnen ans Herz gewachsen sind." *(Musyl)*

„In meiner Heimatgemeinde hat der Pfarrer, der der einzige Multiplikator war, eines Tages in Gottes Namen, weil es ihm der Bischof angeordnet hat, einen Volksaltar gemacht. Aber gewollt hat der nie einen Volksaltar. Die Kommunikation hat nicht funktioniert, vieles ist in breiten Schichten nicht ins Bewußtsein gedrungen. Große Sedimente ‚alter Gesinnung' waren da, und dieses Sediment wurde von der ‚Oberschicht' nicht durchwirkt." *(Gaisbauer)*

„Es hat bei vielen den Fehler gegeben, den Schmerz sehr deutlich auszusprechen und die Abschiedsstimmung von geliebten alten Formen sehr zu pflegen; das ist natürlich keine Hilfe, um sich zu etwas Neuem zu entschließen. Und es hat vor allem – das habe ich besonders bedauert – bei einem Teil der Seelsorger den gegenteiligen Fehler gegeben: daß man nämlich das Neue interessant, schmackhaft und anziehend machen wollte, indem man das Alte völlig abgewertet hat. Und das war natürlich auch kein guter Weg, um Menschen, die sich von liebgewordenen Formen trennen müssen oder sollen, zu diesem Schritt zu ermutigen. Niemand will sich sagen lassen, daß das, was man bisher getan, gepflegt oder auch nur gern gehabt hat, falsch oder ein Unsinn war, und daß er froh sein muß, daß das in so eine Art Mottenkiste geschoben werden kann. Dieser Fehler kam nicht nur aus einem pastoralen Fehlverhalten, sondern auch aus einer Fehlinformation, denn der einzig richtige Weg, um hier einer ge-

- Keine Rolle spielen hingegen die gottzentrierte Religiosität

- und auch nicht die Bereitschaft, am sonntäglichen Gottesdienst teilzunehmen.

Der neue Kirchenkurs stützt sich somit auf Personen, die etwas anderes suchen, als dessen Exponenten vertreten: Wollen die bischöflichen Vertreter des neuen Kirchenkurses Kirchenidentität (und „Wahrheit"), so suchen Personen mit geringer Schulbildung und hohem Beheimatungsbedürfnis bei verläßlichen Autoritäten Sicherheit. Was die Unterstützer des neuen Kirchenkurses faktisch suchen, ist daher nur eine Variante dessen, was von dessen bischöflichen Vertretern kritisiert wird: nämlich „Lebenshilfe" für Verunsicherte. Die Unterstützung kommt nicht aus der Umkehr zum lebendigen Gott Jesu, sondern aus einer Beheimatungs- und Sicherheitsbedürftigkeit. Nicht um Wahrheitseinsicht geht es, sondern um die Stützung verunsicherten Lebens durch verläßliche Autoritäten.

Szenario 2: Lautloser Auszug der Gebildeten

7. Das andere Szenario prognostiziert den Auszug der freiheitsbedachten Gebildeten aus der Kirche. Dieses für die kirchliche Entwicklung und die Rolle der Kirche in Gesellschaft und Kultur Österreichs folgenschwere Szenario stützt sich darauf, daß gerade die Gebildeten (und diese lehnen zugleich den Autoritarismus ab und sind sehr auf ihre Freiheitsgrade bedacht) sich mit dem neuen Kirchenkurs sehr schwer tun.[46]

[46] Eine „zunehmende Entfremdung" zwischen Kirche und Intellektuellen beklagt auch die Wiener Historikerin E. Weinzierl beim Fünundzwanzigjahrejubiläum der Katholischen Hochschulgemeinde in Salzburg. Wenn die katholische Kirche die Emigration der Intellektuellen verhindern will, „wird sie alles tun müssen, um dem Geist der Menschlichkeit, Toleranz und Freiheit auch in der Kirche selbst wieder mehr Raum zu geben". Kathpress vom 30.11.1989, 1.

sunden, organischen, neuen Beziehung zur Liturgie den Weg zu bereiten, wäre natürlich das Ausgehen vom Alten und das Aufzeigen der Bereicherung gewesen. Ich glaube, daß das bis heute mit schuld ist, daß es Menschen gibt – und es gibt sie ja heute in vermehrter Form –, die dem Alten nachweinen.“ *(Holzer)*

Bei manchen Konzilsbegeisterten scheint es aber auch andere Fehler gegeben zu haben:

„Die Liturgiereform hat sich zum Teil darin erschöpft, daß man den Altar umgedreht hat, und daß man einen Volksaltar auch dort aufgebaut hat, wo es der ganzen Architektur einer Kirche widersprochen hat. Daß man zwar zur Volkssprache übergegangen ist, aber statt eine kräftige, dichterische Sprache zu finden, in den Texten in einem teilweise wirklich grauslichen Funktionärsdeutsch steckengeblieben ist. Die Verflachung nach dem Konzil war teilweise erschreckend, vieles ist in eine rein politische Diskussion geraten. Die Tiefe, die mit Leuten wie Rahner, aber auch mit einem Kardinal Ottaviani auf der anderen Seite gegeben war, das ist nachher leider Gottes etwas billiger gegeben worden. Das ist es, worunter wir heute leiden.“ *(Schwarzenberg)*

„Insgesamt war es eine elitäre Gesinnung. Damit hat auch eine Sprache Eingang gefunden, die zwar neu, aber wieder eine kodifizierte war. Viele Leute konnten mit den neuen Formeln nichts anfangen. So kam es dann zu dieser ernormen Überheblichkeit: das sind die Gestrigen, die kann man vergessen, die sterben sowieso aus – und man sieht, sie sterben nicht aus. Das war ein großer Irrtum. Außerdem hat sich sehr vieles anschließend in Aktionismus erschöpft. Die Leute haben sich auch erschöpft, sie waren erschlagen von lauter Aktionismus. Dabei wurde eine Dimension vernachlässigt, die das Konzil nicht vernachlässigt hat: die geistige. Das wurde nicht gleichwertig gepflegt. Die stärkste Dimension nach dem Konzil war aktionistisch und organisatorisch; die zweite Dimension, die intellektuelle, war schon viel schwächer, weil wir kein besonders diskursfähiges Land sind. Daher ist der Diskurs relativ bald eingeschlafen oder zu kurz gekommen, oder er wurde nicht entsprechend mitvollzogen, weil wir denkfaul sind. Und die dritte Dimension, die charismatische oder spirituelle, die ist im Überschwang nicht entsprechend wahrgenommen worden. Jeder hat sich auf die Dimension der Öffnung gestürzt – völlig verständlich –, aber es gab eben sehr viel Außenarchitektur und zu wenige Momente der Besinnung.“ *(Gaisbauer)*

Die „Bremsen“ kamen allerdings nicht von „unten“ – die Unzufriedenen blieben schweigend-passiv! –, sondern von „oben“. Und das führte zur ersten Abwanderung engagierter Katholiken.

Viele der freiheitsbesorgten Gebildeten beteiligen sich zur Zeit (noch) an den konfliktträchtigen Vorgängen in der Kirche. Aber ihr verständlicher Widerstand gegen die wachsende Enge und Freiheitsverdächtigung, die ihnen von Vertretern des neuen Kirchenkurses wiederholt und unmißverständlich signalisiert wird, läßt sich über längere Zeit nicht aufrecht erhalten. Ein Abflauen der Konflikte ist daher vorhersehbar. Die prognostizierbare Ruhe wird aber nicht dadurch entstehen, daß die Gebildeten den neuen Kirchenkurs angenommen haben werden, sondern daß sie – wegen des Gefühls, daß es für sie im eng gewordenen Sozialraum der Kirche keine „Wohnmöglichkeit" mehr gibt – lautlos ausgezogen sein werden.

Kirchenbindung wird durch Dauerkonflikte vorhersehbar aufgeweicht. Dafür spricht, daß die Kirchenbindung gerade bei den Gebildeten kaum noch soziokulturell gestützt ist, sondern in hohem Maße reflektiert wird, was religiöse Mobilität verursacht. In einer Bildungsgesellschaft ist die Kirchenbeziehung sehr labil geworden.[47]

Die schon stattfindende innere Emigration vieler Gebildeter, die einen Teil ihrer Kirchenführung zunehmend peinlich finden und sich ihrer schämen, kann leicht in die Aufkündigung der formellen Mitgliedschaft übergehen. Diese Frage wiegt umso schwerer, als die Kirche in Österreich zur Zeit ohne-

[47] TABELLE: Kirchenmitgliedschaftsmotive und Bildung

	Volks-schule	Fach-schule	Mittel-schule	Hoch-schule
Index RELIGIÖSE KIRCHENMITGLIED-SCHAFTSMOTIVE	45%	24%	14%	8%
Index SOZIALE KIRCHENMITGLIED-SCHAFTSMOTIVE	7%	3%	1%	5%
(zusammen)	(52%)	(27%)	(15%)	(13%)

„Während der Wiener Synode ist schon erkennbar geworden, daß man versucht, eher zu bremsen, und daß die ausgearbeiteten Vorlagen in vielem nur sehr, sehr abgeschwächt beschlossen wurden; zum Beispiel auf dem Gebiet der Mündigkeit der Laien, der Mitarbeiter und der Rechte des Pfarrgemeinderates usw. So hat die Synode schon mit einer gewissen Enttäuschung geendet." *(Blasche)*

„Ich habe einen Bruch in der Synode empfunden. Vielleicht hing das auch damit zusammen, daß eine Reihe von Priestern ausgeschieden sind, vielleicht auch mit der Laisierung wichtiger Personen. Da hat die Sache plötzlich an Schwung und Geistigkeit verloren und ist formaler geworden. Es waren dann zu viele Profis unterwegs, es begannen die Festschreibungen, und die Dinge sind weniger theologisch geworden. Rückblickend würde ich heute sagen, daß der Verunsicherungsprozeß, den die 68er-Bewegung im Geistigen ausgelöst hat, auch in Österreich gravierend war. In meiner Generation sind dann sehr viele nach links abgegangen, sowohl politisch als auch geistig, und haben die Auseinandersetzung mit der Frankfurter Schule spannender gefunden als die Auseinandersetzung mit dem Zweiten Vatikanum. Das hat die Auseinandersetzung der Kirche im Geistigen sehr viel Substanz gekostet, war eine Art ‚kalter Umschlag', und es wurde die Gleichung aufgestellt: hätte es das Zweite Vatikanum nicht gegeben, wären die Leute nicht nach links gegangen. Was natürlich völlig idiotisch war, weil das zwei verschiedene Vorgänge gewesen sind. Die 68er-Bewegung hat sich quer durch die Welt entwickelt und stand in keinem ursächlichen Zusammenhang mit dem Zweiten Vatikanum." *(Busek)*

Bei manchen Priestern hat der „Denkmut, der sich durch das Konzil entwickelt hat" *(Adolf Holl)* in den Jahren danach ungewollt zur Laisierung geführt. Das spekatakulärste Beispiel war zweifellos Adolf Holl, aber auch Religionslehrer waren davon betroffen.

„In meiner Euphorie habe ich gar nicht gesehen – oder nicht sehen wollen –, daß es schon Konflikte gegeben hat. Wir, also meine Freunde und ich, haben das Konzil viel weniger als Dokumente oder als ‚Buchstaben' erlebt, sondern als Prozeß, als Aufbruchstimmung. Wir haben gar nicht darüber diskutiert, was in den einzelnen Dokumenten steht. Es war einfach ein befreiendes Gefühl da, daß vieles in Bewegung gekommen ist. Das Problem war, daß wir daher gar nicht mit dem ‚Buchstaben' des Konzils argumentiert haben, auch nicht argumentieren wollten. Wir waren der Meinung, das ist der ‚Geist des Konzils', und wir haben diesen Geist der Bewegung gefühlt." *(Krims)*

dies primär gebildete Mittelschichten umfaßt. Welches Kirchenvolk wird nach dem Auszug der Gebildeten übrig bleiben? Es werden die wenig Gebildeten, Ängstlichen, Verunsicherten, Freiheitsungeübten sein, Personen also, für die das moderne Leben und seine Freiheitsanforderungen schwer erträglich geworden sind. Das heißt für die Kirche, daß ihre soziale Basis am Rand der gesellschaftlichen Entwicklung liegen wird. Mit ihrem verbleibenden Kirchenvolk wird auch die Kirche ihre Fähigkeit verlieren, auf die gesellschaftliche Entwicklung Einfluß zu nehmen. Der heute schon geringe Einfluß der Kirche auf die gesellschaftlichen Entwicklungen wird so noch abnehmen.

SCHAUBILD 3: Einschätzung des Einflusses der Kirche auf das politische Leben in Österreich

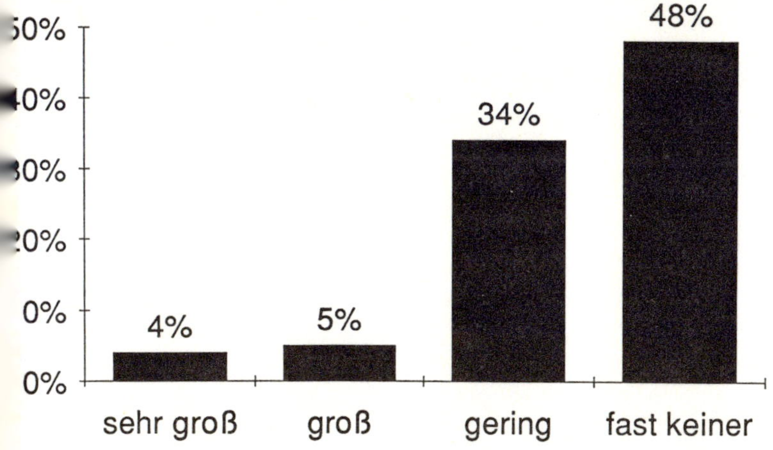

Auf diesem Hintergrund fällt auch Licht auf die Entwicklung der Katholischen Hochschulgemeinden in Wien. Es müßte

Für viele war ‚Humanae Vitae', die Enzyklika von Papst Paul VI. im Jahr 1968, der eigentliche Wendepunkt.

„Der tieferreichende Umschwung begann, wie so vieles andere auch, mit ‚Humanae Vitae', mit dem Verbot der sogenannten künstlichen Empfängnisregelung, wo sich unter Millionen Katholiken sofort ein spontaner Widerspruch erhoben hat. Und das hat alle Angsthasen, Betulichen, Kleinmütigen und Skeptiker auf den Plan gerufen, die gesagt haben: ‚Jetzt wird offen weltweit dem Papst widersprochen! Ist da vielleicht das Konzil schuld? Hat das die Fenster und Türen so weit geöffnet, daß es jetzt keine Autorität in der Kirche mehr gibt? Die Leute sagen, der Papst hat unrecht, ich richte mich nicht nach dem, was der Papst hier sagt – war denn das so gemeint? Wenn das so ist, dann müssen wir uns die Texte genauer anschauen, denn wer weiß, was uns da noch blüht.' Dazu kam meiner Ansicht nach der fundamentale Fehler des Vatikans, den Widerspruch gegen die Autorität niederzubügeln, statt sich zu fragen, ob nicht das Überziehen dieser Autorität zum Autoritätsverlust führt." *(Feichtelbauer)*

Unter den Frauen gab es damals sehr unterschiedliche Reaktionen zu „Humanae Vitae". Auch wenn die österreichische Katholische Frauenbewegung zu diesem Zeitpunkt in Frauenfragen noch nicht aus ihrem Dornröschenschlaf aufgewacht war, ist anzunehmen, daß die Ansichten der beiden bundesdeutschen Frauen auch die österreichische Stimmung entsprechend widergeben:

„Humanae Vitae als Einbremsung des Konzils zu bezeichnen, scheint mir falsch. Die Enzyklika hat sicher gerade in unserem westlichen Kulturbereich eine Diskussion ausgelöst, die bis heute anhält oder wieder intensiv geführt wird. Darin geht es doch um die Frage: Was ist Natur und was ist unnatürlich? Ich denke, daß diese Enzyklika mißdeutet beziehungsweise manchmal bewußt falsch gedeutet wird. Darin stehen sehr positive Aussagen über Liebe und Sexualität, die ich durchaus als konsequente Weiterführung der Aussagen des Konzils werten möchte. Viele, die diese Enzyklika negativ diskutieren, stürzen sich nur auf den Punkt der künstlichen Empfängnisregelung. Damit wird man dieser Enzyklika, meine ich, überhaupt nicht gerecht. Man kann durchaus eine Fülle von Positivem daraus gewinnen, auch wenn man in der Frage, ob nun künstliche Verhütungsmittel das richtige sind oder nicht, zu anderen Ergebnissen kommt. Also nicht Bremse in dieser Erklärung Humanae Vitae, sondern generell gesehen durchaus etwas auf der Konzilslinie Liegendes. Positive Aussage zur Sexualität, und im Detail dann natürlich ein strittiger Punkt bei der Frage der natürlichen oder nichtnatürlichen Empfängnisregelung." *(Waschbüsch)*

einmal ohne Vorurteil untersucht werden, welche Personen dort heute gebunden werden und welche sich enttäuscht – lautstark oder lautlos – von ihnen abgewendet haben. Die Beheimatung von Abwanderern aus den Katholischen Studentengemeinden in der Katholischen Hochschuljugend in Wien wird bei den meisten nur ein kurzweiliges Zwischenspiel darstellen: Wie die Kirchenmitgliedschaft läßt sich auch die Mitgliedschaft in kirchlichen Organisationen auf die Dauer nicht allein auf Unzufriedenheit gründen. Das personelle Ausbluten der Wiener KHJ ist daher auch ohne bischöfliche Interventionen ebenso vorhersehbar, wie das Schrumpfen der Katholischen Studentengemeinden in Wien auf eine überschaubare Schar mit ausgeprägter psychischer und politischer Grundorientierung schon begonnen hat. Auch hier gilt aus theologischer Sicht leider: Die Entscheidung für oder gegen die Beteiligung am Leben einer Studentengemeinde oder auch der Katholischen Hochschuljugend erfolgt nicht in einer Entscheidung für oder gegen das Evangelium, sondern für oder gegen den neuen Kirchenkurs und in diesem unbemerkt enthaltene profane Anteile (wie Autoritarismus, Freiheitsverdächtigung etc.).

Das zweite Szenario läßt also insgesamt befürchten, daß der neue Kirchenkurs ganz andere Wirkungen zeitigt, als er erbringen soll. Die (vermeintlich sanierungsbedürftige) österreichische Kirche wird durch den neuen Kirchenkurs nicht saniert, sondern lediglich bedrohlich entvölkert. Was übrig bleiben wird, wird nicht ein gläubigeres Volk, sondern voraussichtlich eine kleine Schar von Menschen sein, die das hochkomplexe moderne Leben verunsichert und die in der Behausung religiöser Formen, Riten und Gebräuche sowie bei festen Autoritäten lebensmäßig Schutz sucht. Anders, als christlicher Glaube es schenken könnte, setzen diese Sicherheitssucher faktisch nicht in erster Linie auf den lebendigen Gott Jesu Christi und seine bergenden und schützenden Verheißungen, sondern auf sozioreligiöse, von ihren Großmüt-

„Humanae Vitae haben wir als massiven Eingriff in die Mündigkeit der Eheleute empfunden, nämlich im Hinblick darauf, daß wir vom Konzil und von den Konzilsdokumenten her erwarteten, daß die Verpflichtung auf das Gewissen und die gegenseitige Würde des Menschen der Maßstab auch für die sexuelle Beziehung der Eheleute sein sollte. Dieser Eingriff und der Rückgriff auf ein Naturrecht, das wir als solches gar nicht mehr verstanden haben, das war schon eine starke Erschütterung. Die Grundlage liegt in der Akzeptanz der Mündigkeit des Laien, und da ist der Bereich der Sexualität wichtig. Wenn hier Mündigkeit nicht zuerkannt, sondern rigoros reglementiert wird, dann ist die Mündigkeit des Laien eben nicht akzeptiert worden." *(Lissner)*

Es scheint, daß die „Bremsen" schon sehr bald nach dem Konzil deutlicher und wirkungsvoller waren, als heute allgemein angenommen wird. Wenn das stimmt, so hat die heutige Situation in der Kirche bereits vor zwanzig Jahren begonnen. Sie wurde entweder nicht wahr- oder nicht ernstgenommen.

„Rückblickend kann man sagen, daß viele – darunter auch phasenweise ich – geglaubt, gehofft haben, daß das Konzil der Startschuß war. Heute weiß ich, wissen wir, daß es der Endpunkt einer Entwicklung war. Es gab eine Überinterpretation, weil offenkundig unterschätzt wurde, wie stark die Beharrungskräfte sind. Das Zweite Vatikanum hat keine wirklich größere Dynamik in Gang gesetzt, die die innerkirchlichen Strukturen ernsthaft verändert hätte. Diese Dynamik war, von außen zumindest, 1965 vorstellbar, aber es war ein Überoptimismus, eine Übererwartung. Es hat damals eine sehr kluge skeptische Anmerkung von Leopold Ungar gegeben, der gemeint hat: ‚Ihr Progressiven, ihr werdet noch schauen! Wenn die Kirche sich wirklich demokratisiert, dann bedeutet das eine kräftigen Ruck nach hinten, denn die schweigende Mehrheit in der Kirche ist viel konservativer als die Bischöfe des kirchlichen Zentrums.' Zunächst hat es die Organisierung der Fortschrittsoptimisten gegeben, die gemeint haben, das Zweite Vatikanum würde eine neue Dynamik bedeuten, und dann kam die Gegenorganisierung. Zwischen den Fronten von zwei Strömungen ist die Dynamik eben steckengeblieben." *(Pelinka)*

Wenn auch der „Teufel" möglicherweise hier im Getriebe saß, so kann man – bei aller Kritik an den Starren und Buchstabentreuen – den Progressiven, die heute empört oder verstört sind, den Vorwurf nicht ersparen, in mancher Hinsicht genau das getan zu haben, was sie der heutigen Kirche vorhalten: auf Pluralität nicht geachtet, Andersdenkende ignoriert oder den Dialog mit ihnen für nicht notwendig erachtet zu haben.

tern ererbte religiöse Formen, sowie auf die vemeintlich erlösende Kraft von Riten und Autoritäten.

Ausziehen hingegen werden jene Menschen, die künftig in den wichtigen Lebensbereichen der österreichischen Gesellschaft Verantwortung tragen werden: in der Wissenschaft, in der Kunst, in der Wirtschaft, im Bildungswesen sowie in der Politik. Daraus folgt, daß es morgen immer weniger Personen geben wird, die bei der Gestaltung der österreichischen Gesellschaft Orientierungen aus dem Evangelium einbringen werden. Der neue Kirchenkurs, der eine Evangelisierung auch der Kultur und der Gesellschaft, und gerade nicht nur einer (gemeindekirchlichen) kleinen Herde anstrebt, trägt – gewiß ungewollt – dazu bei, daß genau das Gegenteil vorhersehbar ist, nämlich eine weitere Entchristlichung des von den Gebildeten verantworteten kulturellen und gesellschaftlichen Lebens.

Wo sitzen die Bremser?

„Der Papst verkündet überall die Menschenrechte, aber nicht im Innern der Kirche, als ob es ein Evangelium nach außen und ein anderes nach innen gäbe.“ *(Kaufmann)*

Für viele ist der Papst ganz wesentlich daran beteiligt, den „Geist“ des Zweiten Vatikanums zu bremsen, zu blockieren oder sogar zu beseitigen. Aber nicht er allein.

„Heute fordern die einen Restauration, die andern Stabilisierung, und die dritten fordern Reform. Diejenigen, die Restauration verlangen, sagen, die Nachkonzilszeit wäre ein Irrtum gewesen. Von denen sagt keiner – so weit sie in offiziellen kirchlichen Ämtern stehen –, das Konzil wäre ein Irrtum gewesen oder das Konzil hätte falsche Entscheidungen getroffen; das Konzil war ja eine amtliche Institution der Kirche. Im Grunde aber verhalten sie sich nach dem alten Motto: man schlägt den Sack und meint den Esel. Sie sagen, daß die Nachkonzilszeit falsch gelaufen ist, und meinen, daß das Konzil selbst einiges falsch gemacht hat. Stabilisierung ist das, was zum Beispiel der Papst sagt: mit dem neuen Kirchenrecht sei die Verwirklichung des Konzils abgeschlossen, und es gelte nun, nichts mehr zu ändern, sondern sich an die Vorschriften des neuen Kirchenrechts zu halten. Natürlich war es notwendig, daß das alte Kirchenrecht den Beschlüssen und Forderungen des Konzils angepaßt wurde, aber es spiegelt nur zum Teil die Forderungen des Konzils wider. Daher ist Stabilisierung meiner Ansicht nach nicht ganz richtig. Worum es dem Konzil nämlich gegangen ist – und das ist das Stichwort Reform –, das war ja, daß die Kirche ständig der Erneuerung bedarf, daß sie sich ständig mit den Fragen und Problemen auseinandersetzen muß, die an sie herankommen. Und daß die Kirche nie einen Punkt erreicht, wo sie sagen kann, sie hätte sich nun genügend erneuert und es muß nichts mehr geändert werden – das wäre die Forderung nach Stabilisierung.“ *(Pater Seibel)*

„Die Forderung, wieder unaufgebbare, wörtlich zu nehmende Formulierungen einzufangen und einen Weltkatechismus herauszubringen, in dem man wieder nachlesen kann, was das für jeden einzelnen sozusagen unabdingbar zu bedeuten hat, ist eindeutig ein Rückschritt. Uns ist nach dem Konzil bewußt geworden, daß es viele Aspekte ein- und derselben Wahrheit und viele mögliche Verhaltensweisen als Christ unter entsprechenden Umweltbedingungen und Voraussetzungen gibt. Versuche, diese Vielfalt wieder auf einen knappen Nenner zu bringen, scheinen mir bedauerlich.“ *(Feichtelbauer)*

4. Erste pastorale Folgerungen

Es kann nicht übersehen werden, daß beide Szenarien eher düster sind. Die beiden möglichen Zukünfte der österreichischen Kirche sind Verschärfung der innerkirchlichen Konflikte oder/und (langfristig) Auszug der heute die Kirche maßgeblich tragenden Bildungsschichten. Daraus ergibt sich je nach Szenarium ein spezifischer pastoraler Handlungsbedarf.

I. Im Rahmen des ersten Szenarios

„Oder handelt ihr nicht irdisch eingestellt, handelt ihr nicht sehr menschlich, wenn Eifersucht und Streit unter euch herrschen? Denn wenn einer sagt: Ich halte zu Paulus!, ein anderer: Ich zu Apollos!, seid ihr da nicht Menschen?

Was ist Apollos? und was ist Paulus? Ihr seid durch sie zum Glauben gekommen. Sie sind also Diener, jeder, wie der Herr es ihm gegeben hat: Ich habe gepflanzt, Apollos hat begossen, Gott aber ließ wachsen. So ist weder der etwas, der pflanzt, noch der, der begießt, sondern nur Gott, der wachsen läßt." (1 Kor 3,3–7)

1. Für den Fall des ersten, noch günstigeren Szenarios braucht die Kirche die Entwicklung einer kreativen Kultur der Konfliktaustragung. Dabei ist davon auszugehen, daß auf der einen Seite der neue Kirchenkurs in den nächsten Jahren fortgesetzt werden wird, auf der anderen Seite der im Rahmen des zweiten Szenarios prognostizierte lautlose Auszug aus der Kirche für viele wegen des nach dem Konzil gewach-

Daß sich die „Restauratoren“ und „Stabilisierer“ auch in Österreich wohnlich eingerichtet haben, braucht nicht besonders betont zu werden. Allerdings nicht erst seit neuem.

„Wenn der Gedanke der Synode stärker Fuß gefaßt hätte, dann hätten wir Schritte auf eine Demokratisierung der Kirche hin. Für mich sind Evangelium und Demokratie kein Widerspruch, im Gegenteil. Natürlich kann man in der Kirche nicht über den Glauben abstimmen – man stimmt auch in der Demokratie nicht über die Menschenrechte ab. Aber als Volk Gottes hat Kirche doch wohl sehr viel mit Demokratie zu tun. Ich hätte den Anfang mit der Einrichtung der regionalen Synoden gesehen. In der katholischen Kirche gibt es ja Pfarrgemeinderäte, da mag ein bißchen etwas davon vorhanden sein; auch die Basisgemeinden haben so etwas wie eine demokratische Idee. Aber institutionell ist das eigentlich nicht richtig akzeptiert worden.“ *(Lüthi)*

„Ich möchte schon ein bißchen bitter bemerken, daß es heute eigentlich zwei Kirchen gibt: die eine, die das Gefühl hat, im Besitz der Gnade und des Rechts zu sein, und das die anderen deutlich spüren läßt, ihnen sozusagen vermittelt, sie wären zu wenig fromm. Ich halte das für keinen guten Weg. Es ist eine Verengung des Verständnisses feststellbar, und das hat mit dem ‚Geist‘ des Zweiten Vatikanums nichts zu tun. Ich würde sogar weiter gehen und sagen, das hat mit dem Geist der katholischen Kirche nichts zu tun. Das Ausgrenzen ist genau das Gegenteil des Begriffes katholisch, nämlich umfassend. Dieses umfassende Kirchenverständnis wird heute von einigen Teilen nicht entsprechend dargestellt.“ *(Busek)*

Daß die Bremser, wo immer sie sitzen, mit ihrer Vorgangsweise zwar auf Protest, aber offensichtlich nur auf wenig Widerstand stoßen, liegt einerseits daran, daß die heute Enttäuschten – wie früher die anderen – im allgemeinen die innere Emigration dem offenen Widerstand vorziehen. Vor allem aber liegt es daran, daß die sich heute „im Gesetz der Gnade und des Rechts Fühlenden“ auf mehr breite Zustimmung stoßen, als die Konzilsbegeisterten – trotz aller Warnsignale – wahrhaben wollten.

„Das Dekret über die Religionsfreiheit wird weitgehend mißverstanden. Es ist nicht so, daß aufgrund des Zweiten Vatikanischen Konzils nun jeder glauben kann, was er will. Die Wahrheit ist auch nach dem Konzil unteilbar. Die Erklärung über die Religionsfreiheit spricht nicht über dogmatische Toleranz, denn das Christentum, und vor allem die römisch-katholische Kirche, ist nach dem Grundsatz ‚wer nicht für mich ist, ist gegen mich‘ dogmatisch absolut intolerant. Wer etwas Gegenteiliges behauptet, hat die Konzilsdekrete, glaube ich, nicht richtig verstanden. In

senen Kirchenbewußtseins nicht in Frage kommt. Sie haben ihre „geistliche Kirchenberufung" in einer derart persönlichen Weise angenommen, daß sie es niemandem und nichts gestatten, ihnen die Freude am Glauben in der Kirche nehmen zu lassen.

2. Für die große Zahl von Kirchenmitgliedern, die am neuen Kirchenkurs und damit an Entwicklungen ihrer eigenen kirchlichen Gemeinschaft leiden, braucht es die Entwicklung einer neuartigen Spiritualität des Leidens an der Kirche. Dazu gehören die Konzentration der Kirchenbeziehung auf den einen Herrn der Kirche, die Relativierung kirchlicher Konflikte und der mit ihnen verbundenen Autoritäten, die Tugend des Erbarmens, die auch der Kirchenleitung (bona fide begangene) Fehler und Versagen ebenso nachsieht wie persönliche Empfindlichkeiten und Kränkbarkeiten.

3. Im Rahmen des ersten Szenarios (vorhersehbare Zunahme der innerkirchlichen Konflikte) stellt sich die für die Entwicklung der Kirche zentrale Frage, wer in der Kirchenleitung so viel persönliche Autorität genießt, daß er ein Auseinanderbrechen der Lager in „Parallel-Kirchen" verhindern kann. Es ist für die Kirchenentwicklung eine Novität, daß sich neuerdings Bischöfe – im Gegensatz zu einer langen Tradition – nicht mehr als für die Einheit verantwortlich verstehen. Dabei sind wir uns dessen wohl bewußt, daß zwischen den einheitswahrenden und einheitsstiftenden bischöflichen Amtsaufgaben und einem unbedacht-oberflächlichen Integrieren aller nur möglichen Positionen ein Unterschied besteht. Die Frage stellt sich, wer in jenen Diözesen, in denen der Bischof selbst Ursache der Polarisierung ist, für die Einheit des Kirchenvolks sorgen kann. Wie kann Einheit wahren, wer selbst Konfliktpartei ist? Das hieße, sich als pastoraler Münchhausen selbst am eigenen Schopf aus dem Sumpf zu ziehen.

der Erklärung über die Religionsfreiheit geht es hauptsächlich um die sogenannte bürgerliche Toleranz. Es ist also durchaus zulässig, verschiedene Religionen im Staat, sofern sie nicht gegen die öffentliche Ordnung verstoßen, gleich zu behandeln. Hier ist auch vielleicht eine gewisse Absage an das sogenannte Staatskirchentum zu sehen." *(Schima)*

„Heute kann man die Gegenbewegung sehen: wir müssen wieder zurückkehren zu klaren Verhältnissen, zu klaren Orientierungen, die Menschen müssen wissen, wo die Kirche steht. Die klaren Orientierungen sind heute in unserer vielschichtigen Zeit notwendiger denn je, und selbst auf die Gefahr hin, daß man hier bestimmte Freiheiten und Möglichkeiten beschränkt, ist das eben heute ein Grundbedürfnis der Menschen: sie wollen eine klare Ausrichtung, sie wollen Hilfe bei der Orientierung haben. Das erlebe ich eher gefühlsmäßig und in vielen Gesprächen, daß diese Stimmung da ist. Auch wenn ich unsere beiden Erzbischöfe vergleiche: Kardinal Dr. König, der mit seiner intellektuellen Brillanz ein Mann war, der größte Hochachtung herausgefordert hat, von dem man aber vielfach sagte, daß er in dem Bestreben, Neuem gerecht zu werden, vieles oft vielleicht zu idealistisch gesehen und damit in der Praxis Entwicklungen eingeleitet hat, die dann eher das Gegenteil bewirkt haben. Und Erzbischof Groer, von dem man sagen kann und sicher sagen muß, daß er in seiner Art der Darstellung den Leuten das Gefühl gibt: das ist das, was bekannt ist, zu dem man stehen kann, das entspricht dem, womit wir aufgewachsen sind, was unsere Anschauung ist; da wissen wir, daß unser Oberhirte unsere Auffassung teilt, sie vertritt, wie wir es auch erwarten, da ist die Welt in Ordnung.
Gewisse intellektuelle Kreise haben sich sicher mehr von der Brillanz Kardinal Königs angesprochen gefühlt, der auch neue Grenzen eröffnet hat, während sich doch die Mehrzahl der Leute wahrscheinlich eher von dem ruhenden Pol und der klaren Sicht angesprochen fühlen: jetzt wissen wir wieder, wo wir stehen, wo wir hingehören, das ist unsere Heimat. Kardinal Groer symbolisiert das Sich-wieder-Besinnen. Ich meine, daß das schon wichtig ist, weil es der großen Zahl der Katholiken wieder das Gefühl innerer Ruhe, Sicherheit, Geborgenheit und Ordnung gibt." *(Fritz König)*

4. Eine der Nebenwirkungen des neuen Kirchenkurses ist bei einem größeren Teil des Kirchenvolks die Veränderung seines Verhältnisses zur kirchlichen Autorität. Nur ein geschrumpfter Teil des Kirchenvolks erwartet heute von der Kirche „Autorität und Gewißheit".[48] Die anderen verlangen danach, in schwierigen Passagen ihres Lebens (in persönlicher Not, in Verzweiflung, in religiösen Belangen) bei der Kirche als freie Erwachsene einen lebensnahen und erfahrungsgestützten Rat zu finden.[49]

In dem Maß, als im Rahmen des neuen Kirchenkurses nicht auf einsichtigen Rat, sondern (auch im Fall der subjektiven Nichteinsehbarkeit) auf kritiklosen Gehorsam gesetzt wird, verliert amtliche Autorität ihre innere Autorität.[50] Das zeitigt

[48]

ITEM	Zustimmung*)		
(Kärnten)	1970	1980	1990
Ich erwarte von der Kirche Autorität und Gewißheit	53%	21%	18%

*) Antwortkategorie 1 (sehr starke Zustimmung) auf einer fünfteiligen Skala. Die Daten stammen aus der Langzeitstudie für die Diözese Linz.

[49] Es erwarten einen Rat bei einem Priester:

	1980	1990
Index IN SOZIALEN BELANGEN (PRSO)	5%	9%
Index IN FAMILIÄREN BELANGEN (PRFA)	26%	21%
Index IN PERSÖNLICH-RELIGIÖSEN BELANGEN (PRRE)	78%	73%

Daten für ganz Österreich, Skalenwert 1 auf einer vierteiligen Index-Skala. Inhaltlich setzen sich die Indizes so zusammen:
Index SOZIALE BELANGE: finanzielle Probleme, berufliche Nöte, politische Probleme;
Index FAMILIÄRE BELANGE: Kindererziehung, Ehe und Familie;
Index PERSÖNLICHE BELANGE: Gewissensnot, religiöse Probleme, persönliche Verzweiflung.

[50] Solch unbedingter Gehorsam hat, so die Kommissionen „Iustitia et pax" der damals noch nicht vereinigten beiden deutschen Staaten in Hinblick auf

4. Gegenwärtige Bewertung

„Man verbindet heute das Konzil sehr oft mit Schlagworten wie Öffnung, Offenheit, frische Luft usw. Diese Worte spielten auf dem Konzil überhaupt keine Rolle. Ich kann mich nicht erinnern, in einem Konzilstexte Worte dieser Art gelesen zu haben. Wenn man das Vatikanum II nur mit Öffnung, Offenheit und frischer Luft beschreibt, so ist das ein Zeichen, daß man die Intentionen und das Selbstverständnis des Konzils nicht sehr gut kennt." *(Krenn)*

„Es gibt einerseits eine konservative Tendenz in den wesentlichen Fragen der Theologie, der Kirchenorganisation, der Individualethik, vor allem der Sexualethik, und andererseits eine progressive Linie in Fragen der Wirtschaftsethik, die auf die Wirtschafts- und Sozialprobleme der Welt von heute deutlich eingeht." *(Dantine)*

„In der Kirche, wie sie jetzt verfaßt ist, würde eine strukturelle Dynamik keine Vorwärtsentwicklung bedeuten, sondern eine Rückwärtsentwicklung. Heute müssen die Fortschrittsoptimisten das Zweite Vatikanum defensiv verteidigen." *(Pelinka)*

„Das überschäumende Feuer und die Begeisterung des Konzils sind verflogen. Das Konzil ist Geschichte, aber Kirche ist Alltag. Daher ist das Konzil heute nicht mehr als ein Meilenstein in einer ganz bestimmten Entwicklung. Das Volk Gottes ist aufgerufen, das nächste Wegstück selber zu erkunden. Das Konzil kann dabei, glaube ich, vielleicht ein Richtungsweiser oder eine Wegmarke sein, aber nicht sehr viel mehr." *(Schüssel)*

„Es ist doch natürlich und verständlich, daß wir auch Aufregungen im Gefolge eines so tiefgehenden Ereignisses wie dem Zweiten Vatikanum haben. In dieser Kirche müßten doch Trauersäcke sein, wenn es da nicht auch Geraufe gäbe; das ist doch auch ein Zeichen von intensivem Nachdenken. Ein bißchen mehr Abstand und etwas mehr Gelassenheit, vielleicht auch manchmal der Satz von Johannes XXIII.: ‚Johannes, nimm dich nicht so wichtig!', täte allen gut." *(Waschbüsch)*

Sieht es heute mit dem Zweiten Vatikanum wirklich so traurig aus, daß nur noch Gelassenheit übrigbleibt? Wurde der „Geist

eine paradoxe Nebenwirkung: In dem Maß, als (autoritär agierende, nicht partizipative) Autorität in der Kirche zum Einsatz gebracht wird (was im Rahmen des neuen Kirchenkurses nicht selten der Fall ist), schwindet das Vertrauen der Menschen zu eben diesen Autoritäten. Undialogisch, nicht partizipativ handelnde Autorität schwächt sich selbst. Das scheint eine der tragischen Folgen des neuen Kirchenkurses zu sein, daß sich Autorität durch einen Mangel an kultivierter Autoritätsausübung selbst beschädigt. In konfliktreichen Zeiten, die Zeiten eines erhöhten Bedarfs an akzeptierter und deshalb handlungsfähiger Autorität sind, ist eine solche Autoritätsaushöhlung durch die Autorität selbst bitter. Nicht zu Unrecht wird daher in Fachkreisen von einer schleichenden „Selbstexkommunikation" mancher Amtsträger aus dem innerkirchlichen Lebensprozeß gesprochen. Ein „vertikales Schisma", von jenen erzeugt, die berufen sind, Spaltungen zu verhindern, ist im Entstehen, und das wiederum nicht auf Grund eines Ungehorsams gegen Gott, sondern wegen eines Mangels an biblisch begründeter Autoritätskultur. Was daher dringend zu prüfen ist, ist die Frage, wie dem Autoritätsverlust in der Kirche entgegengewirkt werden kann. Gehorsamsappelle mildern das Problem nicht, sondern machen den schleichenden Autoritätsverlust lediglich offenbar. Intakte Autorität braucht keine Autoritätsappelle oder Eidesschwüre.

Befehlsformen in der Armee, keine Berechtigung: Kathpress vom 14.8.1990, 6f. Sollte solches nicht in analoger Weise auch in der Kirche gelten? Die Kommissionen verweisen darauf, daß die „Gewissensfreiheit noch nicht in allen Ländern Europas garantiert" sei. Müßte die Kirche nicht ein Lernort solcher redlicher Gewissensfreiheit zugunsten eines neuen Europa sein?

des Konzils" überhaupt eingelöst? Oder bedroht er – wie andere sagen – die Identität der Kirche?

Konzil nicht eingelöst – weltfremd

„Ich bin der Meinung, daß die wesentlichen Impulse und Forderungen des Konzils, die auch den Problemen unserer heutigen Zeit gerecht werden und genau das wollen, was eigentlich die Kirche heute bräuchte, noch nicht genügend verwirklicht sind. Im Gegenteil: In der Kirche sind eine Reihe von Tedenzen zu beobachten, die gegenläufig, also nicht im Sinne des Konzils sind, sondern im Sinne der damaligen Minderheit. Um nur ein Beispiel zu nennen: die wachsende Zentralisierung in der Kirche ist heute schlimmer als vor dem Konzil. Das neue Kirchenrecht enthält Bestimmungen, in denen der Zentrale, also Rom, Dinge vorbehalten werden, die im alten Kirchenrecht auf der Ebene der Länder und der Diözesen entschieden werden konnten. Aber das Konzil wollte den Kirchen in den Ländern größere Eigenständigkeit und auch mehr Freiheit zur eigenen Entwicklung geben." *(Pater Seibel)*

„Bis heute ist die Kollegialität im Denken vieler Bischöfe noch nicht verwirklicht. Sie rekurieren immer wieder nach Rom, auch in Angelegenheiten, die sie seit dem Konzil selbst tun könnten." *(Dorn)*

Aus der Sicht von Weihbischof *Krenn* sieht das anders aus: „Es gibt ja so etwas wie ein christliches Gesamtgefühl der Wirklichkeit. Man kann Europäer sein und wissen, was etwa ein Afrikaner braucht."

Im weltlichen Bereich geht es weniger um die Einlösung des Konzils als um eine anhaltende Weltfremdheit in vielen Bereichen. So gibt es beispielsweise große Unzufriedenheit im Bereich der Wirtschafts- und Arbeitswelt.

„In einigen Bundesländern gibt es Gesprächskreise ‚Kirche und Wirtschaft'. Ich halte das für eine positive Sache, weil der junge Kleriker hinsichtlich der Wirtschafts- und Arbeitswelt relativ realitätsfern aufwächst, was die Arbeits- und andere Welt betrifft. Ohne ein Ketzer zu sein, sage ich: die Begegnung mit dem weiblichen Geschlecht macht man den jungen Theologen heute leichter als mit der Wirtschaft. Nun soll meiner Ansicht nach auch ein Theologe das Phänomen Frau kennen – ich finde, das gehört dazu, die Spannung zwischen den Geschlechtern ist nun einmal auch etwas sehr Belebendes –, aber das Phänomen Wirtschaft wird ihm relativ wenig vermittelt." *(Krejci)*

II. Im Rahmen des zweiten Szenarios

„Jedem wird die Offenbarung des Geistes geschenkt, damit sie anderen nützt." (1 Kor 12,7)

„Seid doch nicht Kinder an Einsicht, Brüder! Seid Unmündige an Bosheit, an Einsicht aber seid reife Menschen!" (1 Kor 14,20)

5. Dringendst erforderlich sind – insbesondere im Rahmen des zweiten Szenarios – in der nächsten Zeit klare und unmißverständliche Signale der amtlichen Kirche an die freiheitsbesorgten Gebildeten, will man den lautlosen Auszug zu vieler von ihnen vermeiden. Es war, wie ein Blick in die Geschichte zeigt, sehr schwer, die Kirche aus dem antimodernistischen Verdacht der Vernunft- und Bildungsfeindlichkeit herauszubringen. Im Gegensatz dazu ist es offenbar in wenigen Jahren gelungen, das mühsam aufgebaute positive Verhältnis zwischen Kirche und Gebildeten nachhaltig und folgenschwer zu belasten.

6. Was bei der gegenwärtigen „neuen Kirchenpolitik" fehlt, ist eine begründete Einschätzung der ungewollten Nebenwirkungen. Schon die ersten Jahre nach der Kurskorrektur lassen den Verdacht mehr als begründet erscheinen, daß die Bevölkerung am neuen Kirchenkurs anderes wahrnimmt, als seine Verantwortlichen beabsichtigen. Es wird – aus Verantwortung für die kirchliche Entwicklung – daher nötig sein, nicht nur für „die Wahrheit in sich" oder für eine „rücksichtslose" Sanierung der Kirche einzutreten. Worauf es ankommt, ist ein verantwortungsbewußtes Vorgehen, das auch die unbeabsichtigten Folgen in Rechnung stellt. In Bezug auf den einzelnen Diözesanbischof fallen hier der Bischofskonferenz und dem Nuntius wichtige Aufgaben zu. Es gibt eine kollegiale Verantwortung zur Vermeidung von Kirchenbeschädigungen, die als ungewollte Nebenwirkungen des neuen Kirchenkurses unleugbar auftreten.

„Wenn sehr leidenschaftlich Fehler aufgezeigt werden und indirekt der Vorwurf an die Politiker geht: ‚Seht ihr dieses Elend nicht? Sehr ihr nicht die Armut? Seht ihr nicht die Verhungernden?' Dann kriege ich Wallungen, weil wir das alles sehen. In dieser Situation denke ich: Bitte mehr Hilfe auch für Lösungsangebote von all denen, die im Namen des Zweiten Vatikanischen Konzils aufgerufen sind, diese Gesellschaft mitzugestalten. Der eine Teil wird ausgiebig wahrgenommen – Kritik bis zur Selbstgefälligkeit, im Schutze des Heils und im Wissen um das Heil – und große Sprüche bei der Diagnose. Aber es gibt zu wenige, die die Hälfte des Gehirnschmalzes für Therapie und Engagement in den politischen Parteien aufwenden. Auch das gehört zum Zweiten Vatikanum." *(Heinzinger)*

„Ich kritisiere heftigst, wenn wir in Sonntagspredigten in Österreich weithin hören, daß sich ein großer Teil unserer – vor allem jungen – Prediger nie positiv mit der Wohlstandsgesellschaft identifizieren kann. Sie fahren zwar ihren Volvo, ihren Volkswagen, machen ihre Urlaube, aber von der Kanzel wird gegen die Konsumgesellschaft gewettert. Das macht mir Schwierigkeiten, denn die Kirche darf nicht zu einer Organisation werden, die den Menschen auf organisierter Basis das Lebensgefühl stiehlt. Wenn man prinzipiell mit einer negativen Einstellung an die Wirtschaft herangeht und sagt, daß da nur Sünde und Gewinnsucht passiert, so ist das nicht die richtige Einstellung. Wir haben die Aufgabe, mit den Produktionsmitteln, die uns zur Verfügung stehen, Milliarden von Menschen zu ernähren, ihnen nach Möglichkeit ein Leben zu gewährleisten, in dem sie ihre Grundrechte, wie sie in ‚Populorum progressio' umschrieben sind, verwirklichen. Das betrifft die Bildung, die gesicherte Altersversorgung, also die ganze menschliche Entwicklung. Aber das tue ich nicht mit frommen Sprüchen. Da muß ich mich in der Realität mit Lösungen, mit Menschen anderen oder keines Glaubens oder anderer Ideologien auseinandersetzen." *(Fahrnleitner)*

„Die Kirche hat zugeben müssen, daß sie gegenüber der Arbeiterschaft viele Fehler begangen hat. Allerdings – wenn ich es radikal ausdrücken darf – hat der Arbeitnehmer heute in der Kirche auch noch keinen Platz. In den Pfarrgemeinderäten haben zwar der Mesner, der Wirt, der Lehrer, der Arzt etwas zu sagen, aber man wird wenige finden, wo Arbeitnehmer in der Mehrzahl sind. Ein Arbeiter setzt sich für eine Sache ein, aber er redet nicht viel, und der Bürokratismus, der auch in der Kirche besteht, ist dem einfachen Arbeiter zuwider; im Angestelltenbereich ist es besser. Allerdings ist die Kirche immer noch eine intellektuelle Kirche. Sie tut sich mit den Gebildeten, mit den Intellektuellen wesentlich leichter als mit dem einfachen Arbeitnehmer. Jeder Kaplan ist es von seinem Studium her gewöhnt, mit Studierten zu sprechen.

7. Zu überprüfen gilt es den kirchenpolitischen, gewalttätigen Umgang mit dem Begriff der „Wahrheit“. Genau besehen geht es nämlich nicht in erster Linie um die Zustimmung zur Wahrheit, sondern um das Wechselspiel zwischen Autorität und Einsicht, Lehramt und Gewissen beim Zustandekommen der persönlichen Zustimmung zur Wahrheit. Katholisch kann nur das spannungsreiche Ineinander von Lehramt und Gewissen, von Einsicht und Gehorsam sein. Der Verdacht muß vermieden werden, daß unter dem Deckmantel der Berufung auf „Wahrheit“ diese Spannung unter der Hand zuungunsten der persönlich verantworteten Einsicht aufgehoben wird. Dieser Verdacht ist aber gerade bei Freiheitsbesorgten heute offenkundig verbreitet. Was diese ablehnen, ist eben nicht die Wahrheit in sich, sondern nur deren machtpolitisch-autoritärer Mißbrauch.

III. Ein drittes Szenario

Szenarien werden entworfen, um aufzudecken, in welcher Entwicklung wir zur Zeit stecken. Sie sind mit der apokalyptischen Rede Jesu über Verdammnis und Hölle verwandt. Jesus wollte mit seinen bedrohlichen Bildern sagen: Das alles kann dir passieren, wenn sich Gott für dich nicht stark macht und du Gott an dir nicht handeln läßt. Jesu Absicht ist es aber keineswegs, vorherzusagen, daß jemand in der Hölle sein wird. Im Gegenteil, er erzählt seine bedrohlichen Gerichtsreden, damit am Ende niemand verurteilt werden muß.

Ähnlich ist es mit den hier vorgelegten Szenarien. Sie übten dann ihre beste Wirkung aus, wenn sie sich sozusagen selbst zerstörten: sie wären dann nicht self-fulfilling prophecies, sondern self-destroying.

Die Schwierigkeit innerhalb der Kirche ist, daß die religiösen Handlungen eigentlich nicht auf die normalen Arbeitnehmer zugeschnitten sind. Die Betreuung der Arbeitnehmer wird von der Kirche heute immer noch vernachlässigt.“ *(Müller)*

Während im großen und ganzen Zufriedenheit mit den Pfarrgemeinderäten vorherrscht, meinen manche, sie würden ihrem vom Konzil gestellten Auftrag nicht genügend gerecht.

„Ich finde, daß sich die Laien in ihren neuen Organisationen ungeheuer viel mit dem Innenleben der Kirche beschäftigen und den Weltauftrag nicht mehr so ernst nehmen wie früher. ‚Gaudium et Spes‘ gibt eine klare Anweisung für den Weltauftrag, auch das Dekret über die Laien ist klar und unmißverständlich. Ich habe also das Gefühl, daß hier mehr eine neue Art von Bequemlichkeit und Innerlichkeit Platz greift. Unter ihresgleichen können sich katholische Kirchgänger mit geringerer Gefahr streiten und auch zusammenraufen, als wenn sie hinausgehen in die böse Welt und sich überlegen müssen, mit welchen Argumenten sie sich da durchsetzen sollen.“ *(Roegele)*

Von Weltfremdheit sprechen selbstverständlich auch die Frauen, und zwar heftiger denn je:

„In der Frauenbewegung fragen wir – und wir fragen uns wund, möchte ich sagen –, wo der legitime Ort ist, daß Frauenfragen weiter diskutiert und weiter entwickelt werden. Unser Verständnis von Kirche ist, daß auch die Amtsfrage nicht nur an tatsächlich überlieferten Handlungen von Jesus festgemacht werden darf. Für uns ist sehr entscheidend, daß es eine trinitarische Gottheit und einen Geist gibt, der über die Jahrhunderte und in jedem Jahrhundert in der Kirche Veränderungen bewirkt. Das muß auch heute möglich sein. Ich möchte keine Entscheidung, daß Frauen morgen zu Priestern geweiht werden. Es muß geredet, es soll gerungen und es soll studiert werden. Aber es soll nicht das Verbot kommen, darüber zu sprechen, mit dem Argument, daß nur krankhafte Feministinnen darüber diskutieren wollen. Heute geht es doch wirklich nicht mehr darum, daß wir auch noch das Stokkerl der Priesterweihe erreichen, sondern die Frage, die sich engagierte Frauen heute stellen, ist ja: Wie müßte das Weiheamt in der Kirche des dritten Jahrtausends aussehen, das Männer und Frauen gemeinsam gestalten? Es geht nicht darum, was Männer uns noch erlauben, sondern es geht um die Frage, wie Männer und Frauen das Weiheamt sehen; wer es dann wahrnimmt, ist für mich schon eine sekundäre Frage.“ *(Klein)*

„Abgesehen von Humanae Vitae, gab es auch eine römische Erklärung zur Liturgie, wo festgestellt wurde, daß das Amt der Lek-

Berechtigte Anliegen

Die Aussicht auf wachsende innerkirchliche Konflikte oder ihre bildungsmäßige Ausblutung könnte Anlaß dafür sein, die im neuen Kirchenkurs durchaus enthaltenen berechtigten Anliegen auf einem besseren Weg zu erreichen. Solche zweifelsfrei berechtigte (und auch von Kritikern des neuen Kurses nicht bestrittene) Anliegen sind: die Besorgnis um die christliche Identität der Kirche sowie um die wachsende Entfremdung der modernen Welt von der Kirche. Berechtigt ist damit das Anliegen einer erneuten Evangelisierung auch Europas und der ehedem christlichen Länder in ihm. Berechtigt ist schließlich auch die Sorge darum, den Schatz der lebendigen Tradition auch für spätere Generationen unbeschädigt durch die Geschichte zu tragen.[51]

Aber sind dazu die Aufkündigung des Dialogs, die Verdächtigung moderner Freiheitlichkeit, ist dazu die Zurücknahme der Öffnung der Kirche, wie sie das Konzil entschlossen riskiert hat, vonnöten? Ist es notwendig, im Bild des Nehemia verbleibend, die Mauern der Kirche vor der Welt wieder aufzurichten? Bedarf es des Wegs in die bergende Geschlossenheit und Uniformität, und das um den Preis legitimer Vielfalt?[52] Kann die Kirche in der modernen Welt ohne Risiko, rein auf Überleben und Sicherheit bedacht, glaubwürdig wirken? Braucht nicht auch die Kirche das Recht, Fehler zu machen, wenn sie nur aus der Liebe zur Welt handelt?

Vertrauen statt ängstlicher Selbstsicherung

Statt Nehemia als Leitbild zu nehmen, wäre es heute ange-

[51] Dazu F. König, Die Krise in der Kirche, Kathpress intern vom 3.11.1989, 1f.

[52] So beklagt der Wiener Weihbischof Krätzl den Trend zur Uniformität in der Kirche: Kathpress vom 10.10.1990, 1.

toren nur Männern zukäme, obwohl Frauen bereits Lektorinnen waren. Dann kam die Frage der Mädchen als Ministrantinnen, was ja bis heute nicht ausgestanden ist. Ich bin beratendes Mitglied der Liturgiekomission der BRD und habe mich immer wieder geschämt, wie die Männer damit beschäftigt wurden, das begründen zu müssen, es aber nicht konnten und auch nicht wollten, warum Mädchen diese einfachen Dinge nicht gleichermaßen wie Jungen tun dürfen." *(Lissner)*

Weitverbreitet ist die Ansicht, daß das, was das Konzil mit der Reform des Gottesdienstes gemeint hat, nicht verwirklicht worden ist:

„An der Entwicklung der Liturgie bekümmert mich besonders die zunehmende Entsinnlichung. Heute wollen alle etwas für das Gemüt – New Age, Nirvana –, auch für die Augen. Sind wir daran nicht bis zu einem gewissen Grade selbst schuld? Eine Predigt zu Beginn, ein ausführlicher Wortgottesdienst, auf den großes Gewicht gelegt wird, und dann eine Predigt nach dem Evangelium. Bis dahin ist sicher mindestens eine halbe Stunde vergangen. Dann gibt es einen Eucharistie-Gottesdienst von zehn Minuten, bei der Kommunion wird schon geeilt, und dann ist alles vorbei. Es gibt keine natürliche, besinnliche Dramaturgie der gottesdienstlichen Feier mehr.
Viele Geistliche sind ja auch ganz schlechte Alleinunterhalter. Kurz vor dem Segen, wenn die Leute schon mit den Füßen scharren, fangen sie an, eine dritte Predigt zu halten, um zu erklären, was jetzt in der Gemeinde los ist, daß die katholischen Frauen ihren Kurs für Altenpflegerinnen machen usw. Die alte Liturgie war in dieser Beziehung – bei aller sonstigen Antiquiertheit – dramaturgisch geschlossener. Es gibt ein Buch von dem Soziologen Lorenzer (‚Das Konzil der Buchhalter'), in dem gesagt wird, daß die Kirche die großartige Chance, die Menschen von heute sinnlich anzuleiten, das Richtige zu fühlen und zu denken, nicht erfaßt hat, sondern das genaue Gegenteil gemacht hat. Anstatt ihre Liturgie in diese Richtung auszubauen, hat sie die Verkopfung der Aufklärung auf den Bereich der Religion übertragen. Und jetzt gehen die Leute hin und lesen Horoskope." *(Roegele)*

Nicht entsprechend realisiert wurde von vielen, daß Gewissensfreiheit nicht unerhebliche Konsequenzen nach sich zieht.

„In Wirklichkeit müssen wir das Zweite Vatikanum erst aufarbeiten. Wir haben uns leider Gottes mehr die neuen Kleider angezogen, aber den Inhalt nicht gewechselt. Bei der großen Freiheit, die mit Recht im Konzil herausgekommen ist, auch die Freiheit, Ja oder Nein, auch Ja oder Nein zu Gott sagen zu können – das ist diese entsetzliche Verantwortung, daß uns Gott so sehr liebt,

messener, sich an den „kleinen“ Propheten Sacharja zu halten. Auch dieser will seine Zeitgenossen (er schreibt um 520 vor Christi Geburt) zu mutigem und opferbereitem Handeln beim Wiederaufbau Jerusalems und bei der Neuordnung des Gottesvolkes anstacheln. Anders als Nehemia setzt er aber nicht auf den Bau einer Mauer aus Steinen, sondern plädiert für eine offene Stadt. In der grandiosen dritten Vision schaut der Prophet Jerusalem unter Gottes Schutz:

„Danach blickte ich hin und sah:
Da war ein Mann mit einer Meßschnur in der Hand.
Ich fragte: Wohin gehst du?
Er antwortete mir:
Ich gehe, um Jerusalem auszumessen
und zu sehen, wie lang es sein wird.

Da trat der Engel, der mit mir redete, vor,
und ein anderer Engel kam ihm entgegen
und sagte zu ihm:
Lauf, und sag dem jungen Mann dort:

Jerusalem wird eine offene Stadt sein
wegen der vielen Menschen und Tiere,
die darin wohnen.

Ich selbst – Spruch des Herrn –
werde für die Stadt ringsum eine Mauer von Feuer sein
und in ihrem Innern ihr Ruhm und ihre Ehre.“
(Sach 2,5–9)

Die Botschaft dieses prophetischen Textes für unsere Kirchenzeiten ist offenkundig und brisant:

(a) Die Kirche darf keine Mauern aufrichten: „wegen der vielen Menschen und Tiere“. Die Kirche muß offen bleiben für alle. Wer immer auf der Suche nach Gott ist, muß Eintritt haben. Sie/er behält auch das Recht, mit uns zu sein, solange sie selbst nicht die Mitgliedschaft aufkündigen.

Das bedeutet praktisch, daß das Konzil mutig fortzusetzen

daß wir auch die Freiheit haben, diese Liebe nicht anzunehmen –, dabei ist nicht begriffen worden, daß das nur Sinn ergibt, wenn man auch die Verantwortung dafür übernimmt. Je größer die Freiheit ist, desto größer ist die Verantwortung. Wir haben uns in manchen Bereichen durchaus locker der Freiheit bedient und vergessen, welche Verantwortung wir dabei übernehmen. Wir können nicht genug Freiheit haben, aber nur, wenn wir auch die Verantwortung ernst nehmen." *(Schwarzenberg)*

Identitätsbedrohung – verweltlicht

„Das Problem gegenüber dem Konzil liegt heute vor allem in der Unwissenheit und in der starken Bedürftigkeit nach bloß subjektiver Aneignung. Es ist heute ein gewisser Subjektivismus da, der auswählt. Aber es ist nur das Ganze das Wahre. Man darf nicht sagen: ‚Ich will nur das bejahen, was mich anspricht'." *(Krenn)*

„Ich würde mir manchmal wünschen, daß die Kirche immer noch der Hort einer gewissen Autorität ist, daß man Dinge, die von Rom nach sicherlich weisem Nachdenken dem gläubigen Volk vorgesetzt werden, mit weniger Murren akzeptiert, als das bisher der Fall ist. Manchmal wird der Pluralismus heute schon ein bißchen zu weit getrieben. Ich bin immer wieder froh – ich sage das gar nicht gehässig –, wenn ich am Bildschirm einen Vertreter dieser Glaubensgemeinschaft sehe, der sich auch in seinem Äußeren dazu bekennt. Dieses Hinunterziehen der äußeren Lebensformen und des Protokollarischen – ohne daß jetzt wieder die Palmwedel in Rom geschwungen werden müssen –, das tut mir eigentlich manchmal weh. Heute gibt es in der jungen Generation eine große Sehnsucht nach Identifikation, nach Farbe, nach Buntheit, auch nach Ritualen. Irgendwo ist es die Suche nach einem Etwas jenseits des rein Realen und Faßbaren, das man quantifizieren kann." *(Krejci)*

„Wenn ich mir manche Geistliche im Ornat vorstelle, stolpernd fast über ihre Würde, und diese vatikanische Amtsstruktur, und versetze Jesus in die heutige Zeit: ich glaube, er würde in Streit mit diesen Formalisten und Normengläubigen geraten. Ich kann mir die alle nicht als Nachfolger jener vorstellen, die mit ihm ziehen, einfach leben und notfalls, wie es auch heißt, den Staub von den Schuhen schütteln, wenn sie wo nicht aufgenommen werden. Die sitzen eher und warten, bis die Menschen zu ihnen kommen, oder schreiben vor, was die Menschen tun müssen, um bei ihnen sein zu dürfen. Das ist für mich eine grundlegende Frage des Glaubens an sich. Die Debatte um das Konzil und seine weitere Wirkung ist für mich eine Auseinandersetzung, die wir nicht in den personellen Besetzungen und in ‚Richtungen'

ist. Seine Verwirklichung steht auch erst, so Konzilsbischöfe, am Anfang.[53] Das bedeutet auch, daß der Dialog unverzichtbar ist. Nur durch ihn kann eine glaubwürdige Begegnung der Kirche mit der modernen Welt geschehen. Anders, ohne dialogische Kommunikation und die ihr eigene Transparenz, verlöre die Kirche ihre mühsam errungene und zum Teil schon wieder verspielte Glaubwürdigkeit gänzlich.[54]

(b) Eine solche Offenheit braucht die Kirche dann nicht zu ängstigen, wenn sie einen festen Rückhalt hat. Diesen schaffen aber nicht Ordnungen, Normen oder andere Schutzwälle psychischer Art. Der Prophet mutet seinem Volk vielmehr zu, offen zu sein unter dem Schutz Gottes. Er selbst wird wie eine Mauer von Feuer sein. Das macht unseren Mauerbau überflüssig.

[53] „Das zweite Vatikanische Konzil sei also nicht das Ende der Auseinandersetzung über das Kirchenbild gewesen, sondern der Anfang", so Weihbischof Krätzl vor dem Wiener Pastoralrat, Kathpress vom 10.10.1990. – Ähnlich Franz Kardinal König in der Festschrift für den Präsidenten der Katholischen Aktion der Diözese Linz, Eduard Ploier: Kathpress vom 12.6. 1990. – So auch der Rottenburger Bischof Walter Kasper in der 56. Sitzung des Ständigen Rates der Deutschen Bischofskonferenz am 29.4.1985: „Die Aussagen des letzten Konzils sind heute, 20 Jahre später, noch keinesfalls überholt; im Gegenteil, die Rezeption des Konzils steht erst am Anfang. Solche Rezeptionsprozesse sind nach Ausweis der Konziliengeschichte immer schwierig und langwierig (man denke nur an das Durcheinander der 50 Jahre nach dem Konzil von Nikaia, oder wie lange es dauerte, bis die Beschlüsse des Trienter Konzils überall verkündet und verwirklicht waren). Insofern sind die nachkonziliaren Schwierigkeiten der letzten 20 Jahre keineswegs singulär. Was not tut, ist jedoch (über die mit dem neuen CIC im wesentlichen abgeschlossene äußere Durchführung der Konzilsbestimmung hinaus) eine Rezeption des tieferen Geistes des Konzils. Nach der äußeren Reform ist eine geistliche Erneuerung in der Kirche eine bleibende und dringende Aufgabe". Verhandlungsvorlage, 2.

[54] Deshalb wird – was das Verhältnis zwischen Kirche und Medien betrifft – eine „Revitalisierung der Glaubwürdigkeit" verlangt, so die Forderung des Salzburger Kommunikationswissenschaftlers M. Schmolke bei den Bamberger Mediengesprächen: Kathpress intern vom 3.8.1990,1. – Zu den Aufgaben, die sich der Kirche immer noch stellen: Pro Mundi Vita, Zwanzig Jahre nach dem Zweiten Vatikanum, Bulletin 102, Leuven 1985.

sehen sollten, sondern hier geht es ganz einfach um eine andere Sicht des Glaubens. Ich glaube, daß es dem Geist des Stifters unserer Religion, dem Gottessohn, nicht entspricht, in der Kirche eine weltliche Hierarchie und Bürokratie zu kopieren, mit Vorschriften und moralischen Kategorien zu operieren und den Menschen mit erhobenem Finger zu sagen: ‚Wenn du nicht so, wie ich es auslege, handelst, dann darfst du – ein Beispiel – nicht zu den Sakramenten gehen‘. Die Debatten heute sind für mich eigentlich Glaubensdebatten.
Es sind grundlegende Auseinandersetzungen über das Verständnis des Christentums in unserer heutigen Zeit.“ *(Kohlmaier)*

„Hier stoßen zwei Bilder aufeinander. Das eine Bild – und damit beziehe ich auch schon Position – ist ein vorkonziliares Bild. Wenn man vor dem Konzil von Kirche gesprochen hat, hat man immer an ein Haus gedacht. Und heute haben wir diese Bewegung auch wieder: ‚Wir müssen in dieser Kirche, in diesem Haus wieder Ordnung machen, wir brauchen hier klar strukturierte Autoritäten, klare Gesetze. Eine Hausordnung und einen Hausvater‘. Dagegen steht ein anderes Bild: wenn die Kirche Zukunft haben soll, dann muß sie auf dem Markt stehen und muß sich dort bewähren. Und auf dem Markt zählt die Qualität, zählt das Argument, zählt die Begründung. Das sind die zwei Bilder, die heute in einer Auseinandersetzung stehen und miteinander ringen. Ich glaube, daß man hier auch einen liebevollen Dialog miteinander führen müßte.“ *(Ploier)*

Obwohl die Ökumene allgemein zur Selbstverständlichkeit geworden ist, sollte man vielleicht die Stimmen nicht überhören, die auch hier eine Bedrohung für die katholische Kirche sehen.

„Die Ökumene ist eine taktische Frage. Die wahre Kirche Christi ist in der katholischen Kirche verwirklicht. Es geht also nicht darum – und das ist Konzil, Vatikanum II – , in einer Ökumene den kleinsten gemeinsamen Nenner zu finden, denn wir können keinen einzigen Satz unseres Glaubens zugunsten einer ökumenischen Abrechnung aufgeben. Wir müssen alles in die Ökumene einbringen und geduldig und mühsam, mit dem Gehorsam gegenüber der Wahrheit, darauf hoffen, daß uns irgendwann die Augen aufgehen, das vielleicht noch Gemeinsamere zu sehen. Ich würde nie von einem Andersgläubigen, der einer anderen christlichen Gemeinschaft angehört, verlangen, daß er irgendeinen Satz zunächst einmal aufgibt, nur um einen gemeinsamen Nenner zu finden. Viele meinen ja, Ökumene sei nur eine Frage des guten Willens. Es ist viel mehr auch eine Frage der Wahrheit. Es muß ja eine Einheit in der Wahrheit geben, sonst wäre Ökumene ja leicht in einer Art Dachverband aller christlichen Konfes-

Das bedeutet wiederum: Der unaufgebbare Dialog der Kirche mit allen Menschen, die Öffnung zu ihnen hin ist zwar stets ein Risiko. Dies kann aber umso eher gewagt werden, je fester die Verwurzelung der Kirche in Gott selbst ist.

Je mystischer, desto offener

In den letzten Jahren wurde einige „Je-desto-Formeln" geschmiedet, um in Faustregeln dem Handeln der Kirche Orientierung zu geben. Alle diese Formeln beginnen mit „je mystischer": Je mystischer, desto geschwisterlicher. Je mystischer, desto politischer. Wir können eine dritte Formel beifügen: Je mystischer, desto offener. Je mehr Kirche auf ihren Herrn setzt und mystisch mit ihm verwachsen ist, desto mehr Offenheit kann sie wagen: einschließlich Schutzlosigkeit, Verletzlichkeit, ja selbst die Gefahr des eigenen Untergangs. Der alte Christushymnus im Philipperbrief (Phil 2,5–11) wäre dann Maß für das Leben der Kirche: sie braucht dann auch nicht aus Angst um sich, um das eigene Überleben, um die Bewahrung des Glaubens, der Moral, der eigenen Identität „festzuhalten", sondern kann sich in Jesu Art entäußern: selbst wenn sie dabei aufgerieben werden, ja untergehen sollte.

Haus mit vielen Wohnungen

Eine solche Grundgesinnung, die Offenheit wagt, weil Gott „wie eine Mauer von Feuer" sein wird, ließe uns dann auch innerkirchliche Vielfalt leichter aushalten, ja nach und nach auch als Bereicherung erkennen. Dabei meine ich nicht, daß in der Kirche alles Platz haben muß, was Menschen in religiösen oder sozialen Belangen einfällt.

Aber können wir nicht die innere Weite haben, die wenigstens zuläßt, daß in der einen Weltkirche nicht alles völlig gleich getan werden muß? Ist die Einheit denn wirklich nur

sionen machbar. Ich bin nicht sicher, ob der Ökumenismus unter dieser Perspektive – ein Glaube, eine Wahrheit – noch das allgemeine Ziel ist. Man wünscht heute mehr gewisse Formen des praktizierenden Zusammenlebens und macht sich weniger Gedanken um die Grundlage der Gemeinschaft. Ich wünsche mir die Einheit im Glauben und in der Wahrheit, das ist eine katholische Selbstverpflichtung. Das soll nicht heißen – man wird ja oft mißverstanden –, daß wir meinen, die Wahrheit zu besitzen. Es ist eher eine Verantwortung und eine Herausforderung, sich noch viel mehr anzustrengen, um mit dieser Wahrheit zu überzeugen." *(Krenn)*

„Gespräche zu führen auf rein menschlicher Basis unter Achtung des Gegenübers ist, glaube ich, eine Selbstverständlichkeit. Aber der heutige Dialog geht ja weit in den religiösen Bereich hinein, und dazu ist die Kirche weder befähigt und schon gar nicht berufen. Meiner Überzeugung nach hat die Kirche den Missionsauftrag: geht hinaus in alle Welt, lehret die Völker und taufet sie. Heute sieht das ganz anders aus. Wenn den Mohammedanern verkündet wird, daß wir denselben Gott haben, dann ist das falsch. Wir haben nicht denselben Gott. Unser Gott ist dreifaltig, und der Gott der Mohammedaner ist es nicht. Allein schon an diesem Aspekt sieht man, daß hier etwas nicht stimmt. Ich würde das als eine Entgleisung ganz gravierender Art betrachten. Das ist keine Kleinigkeit, sondern hier gibt es bereits beim Zweiten Vatikanum eine Akzentsetzung, daß man den anderen Religionen ganz anders gegenübertreten solle als bisher. Das ist ein Bruch in der Tradition. Der Dialog ist eine Erfindung des Konzils gewesen. Unter Wahrung des Respektes der Person, unter Achtung seiner persönlichen Überzeugung ist das auch in Ordnung, aber für einen Katholiken kommt eine andere Aufgabe hinzu, als nur einen freundlichen Dialog zu führen. Er hat missionarisch zu wirken. Und wenn man davon abrückt, dann gibt man etwas Wesentliches preis.
Insgesamt hat das Zweite Vatikanum eine Aufweichung in Gang gesetzt. Es ist dort eine Weichenstellung in ganz verhängnisvoller Art und Weise erfolgt. Es wurde ein Weg vorgezeichnet, den man in den Jahren nach dem Konzil folgerichtig weiter beschritten hat: Abbau der spezifischen katholischen Eigenart und Annäherung vor allem an den Protestantismus, die einem guten Übereinkommen mit der Orthodoxie unzuträglich ist. Wir entfernen uns praktisch von der Möglichkeit, jemals mit den Orthodoxen zusammenzufinden, je mehr wir uns dem Protestantismus annähern. Ich halte das nicht für gut. Hier sind die Grenzen absichtlich verwischt worden, und das führt zu einer Unsicherheit in allen Bereichen." *(Wilde)*

„Ich persönlich glaube, daß die Diskrepanzen, die es heute in der katholischen Kirche gibt, letzten Endes nicht Auseinanderset-

dann gegeben, wenn es in den einzelnen Kontinenten keine eigene kulturelle Ausformung des Evangeliums gibt, wenn für das Verstehen der Tradition nur eine einzige Theologie zur Verfügung steht, wenn in allen Ländern die Priester ehelos leben, wenn die Kirchenleitung nicht zugeben kann, daß sie zumindest bisher nicht immer irrtumslos geredet und gehandelt hat, nicht hinsichtlich der Ablehnung der Sklaverei, nicht mit Bezug auf die Religionsfreiheit, nicht was die Anerkennung der wahren Gleichheit und Würde aller betrifft, nicht in der Wertschätzung der Frau als ebenso gottebenbildlich wie der Mann?

Warum gibt es in der einen Kirche nicht Regionen („Patriarchate"), in denen sich unterschiedliche pastorale Gewohnheiten ausbilden können, solange sie sich im Rahmen der von der Bibel eröffneten Ausrichtung bewegen? Unleugbare Tatsache ist ja, daß es eine solche legitime Vielfalt zumindest in unierten Kirchen sowie zwischen der Ost- und der Westkirche gab und bis heute gibt, und daß die katholische Kirche das immer respektiert hat: die Ehe- und Scheidungspraxis der Ostkirche, die Art der Pfarrerbestellung bei den Orthodoxen usw.

Was auf weltkirchlicher Ebene gilt, ist auch für die kleineren Einheiten der einen katholischen Kirche zutreffend: Sie kann nur Großkirche bleiben, wenn sie ein Haus mit vielen Wohnungen ist. Dabei kann die Vielfalt auch sehr persönliche, aus der Lebensgeschichte der einzelnen Kirchenmitglieder kommende Gründe haben. Ich zeige das am Beispiel der heute einander heftig widerstreitenden „konservativen" und „progressiven" Lager in der Kirche. Beide scheinen aus immer deutlicher erkennbaren Gründen „Wohnungsprobleme" in der Kirche zu haben.[55]

[55] Ich stütze mich bei dieser Passage auf die Analyse der über 8000 Eingaben zum Wiener Diözesanforum 1990: 1. Session der Delegiertenversammlung: Berichte über die Eingaben an das Diözesanforum, 25. bis 27. Oktober 1990, Konzilsgedächtniskirche Wien Lainz, Teil XIII.

zungen um die Äußerlichkeiten sind. Liturgie, Frauenpriestertum, Ministrantinnen und Zölibat sind meiner Meinung nach – vielleicht irre ich mich – vorgeschobene Bastionen des Kampfes um die unabänderlichen Glaubenswahrheiten. Es geht um die tiefsten Glaubensfragen und um die Offenbarung des lebendigen Gottes. Es ist also die alte Auseinandersetzung zwischen dem katholischen Glauben und den Häresien, die in allen Jahrhunderten gegen den katholischen Glauben in gleicher Form aufgekommen sind. Wenn ich heute sage, daß der Protestantismus eine Häresie ist, würde man über mich herfallen, daher verwende ich dieses Wort in diesem Zusammenhang nicht. Für mich stellt sich sogar die Frage, wie weit die Thesen Luthers heute im Protestantismus falsch interpretiert werden. Meiner Ansicht als Laie nach sind sie nämlich bei weitem nicht so weit vom Glaubensgut der katholischen Kirche entfernt wie die mancher zeitgenössischer Theologen. Natürlich ist der Papst eine zentrale Frage, aber die zentralste aller Fragen ist die Göttlichkeit und Menschlichkeit Jesu Christi. In vielen Aussagen mancher evangelischer und katholischer Theologen ist die absolute Göttlichkeit Jesu Christi nicht mehr gewährleistet. Es gibt heute wieder die Irrlehre – die geht in die Frühzeit zurück –, wo gezweifelt wird, daß Christus der Sohn Gottes ist.“ *(Engelmann)*

Der Streit um die angebliche Identitätsbedrohung der Kirche gefährdet jedoch offensichtlich etwas, das als große Errungenschaft des Konzils gilt: die Freiheit des Gewissens, also Mündigkeit. Freiheit, auch des Gewissens, löst bei Menschen, die daran nicht gewöhnt sind, Unsicherheit, Angst und den Wunsch nach der alten (unfreien) Geborgenheit aus.

„Mit Mühe und Not haben wir seit dem Konzil versucht, die Menschen zur Mündigkeit, zur Eigenverantwortung in einer Kirche zu erziehen, in der sie mitreden können und mitreden sollen. Dieses Bewußtmachen ist ein Wert, aber auf der anderen Seite ist Mündigkeit keine bequeme Sache. Ich kann keiner Fahne nachlaufen, ich muß eigene Gedanken haben. Deshalb bemühen sich viele Menschen gar nicht so um die Mündigkeit. Die große Gefahr in der jetzigen Entwicklung besteht darin, daß diese kaum noch erweckte Mündigkeit, das selbständige Denken, was ja die Menschenwürde schlechthin ist, wieder zurückgedreht wird und die Menschen in eine an und für sich gar nicht so unbequeme Unmündigkeit zurückgestoßen werden.“ *(Schermann)*

„Ich habe oft den Eindruck, daß die, die nur das tun, was ihnen vorgeschrieben wird, Menschen sind, die von einer großen Ängstlichkeit gepackt sind. Denn das Suchen nach dem Glauben und seiner Verwirklichung in jeder Zeit ist mühselig, ist von Ris-

Beheimatung

Das zentrale Problem der konservativen Kreise ist die Sorge, daß ihnen die emotionale Beheimatung in der Kirche abhanden gekommen ist, weil sie sich in den erneuerten Formen insbesondere der Liturgie nicht mehr beheimatet fühlen. Deshalb wünschen diese Kreise vehement „die Rückkehr zu alten Formen im Leben der Kirche. In erster Linie handelt es sich um Formen in der Liturgie. Kaum ein traditionsreicher liturgischer Brauch, der nicht wiederkehren soll: Heiligenstatuen, Gegrüßet seist du Maria nach dem Vater unser, Michaelsgebet nach der Messe, Weihrauch, Baldachin, lateinische Sprache, Kommunionbank, die alten Ordnung des Kirchenjahres, Glockenzeichen, Volksmission, Marienverehrung in alter Form, Predigt von der Kanzel aus, und unverfälscht, die alten Lieder und die schönen Messen, die Messe wie früher, die Kniebeuge und nicht mit dem Rücken zum Allerheiligsten, vielleicht sogar wieder Anderl von Rinn.
Dem entspricht, daß die „Neuerungen abgeschafft werden sollen: Tanz und Jazz in der Liturgie, die profane Kleidung der Kommunionhelfer, der freie Umgang mit liturgischen Texten, der Friedensgruß . . .

Aus solchen Wünschen scheint die Sehnsucht nach dem „Wohnen" im „Gewohnten" zu stehen. Man will die Religion in der Gestalt der Großmutter und der Mutter. Man will Heimat und Beheimatung in den Formen.

„In der Kirche, die meine Heimat sein soll, möchte ich mich wohlfühlen" (Eingabe 1082).

Von da aus wird es auch leicht verständlich, warum die Veränderungen insbesondere in der Liturgie als unangenehm empfunden und abgelehnt werden. Vertrautes ist abhanden gekommen. Deshalb steht bei dieser Gruppe auch das II. Vatikanische Konzil nicht in gutem Ruf: gewünscht wird eine weitere Sitzungsperiode dieses Konzils oder ein drittes.

ken begleitet, aber es ist unendlich bequem und bedarf keines Mutes, irgendein Buch aufzuschlagen, um nachzulesen, was gerade verkündet wird. Ich sehe in der Kirche immer dieses herrliche Bild, das schon Christus sogar in den Mittelpunkt der Darstellung gestellt hat: das Bild vom Hirten und von den Schafen oder von der Herde. Ich bin der Auffassung, daß es für einen Hirten zwei Möglichkeiten gibt. Entweder hat er die Schafe in einem Stall, wo sie es warm haben und gefüttert werden, oder die Schafe gehen auf die Weide hinaus. Die Auseinandersetzung, die wir heute in der österreichischen Kirche sehen, ist auch ein bißchen die zwischen Schafen, die gerne im Stall sein möchten, weil sie es dort warm und gemütlich haben und sich um nichts kümmern müssen, und den anderen Schafen, die auf die Weide hinausgehen, wo man auch einmal in eine Spalte stürzen oder auch einmal verlorengehen kann. Ich weiß nur, daß die Schafe auf der Weide gesünder sind als die im Stall." *(Kohlmaier)*

„Ich verstehe, daß sich jemand schwer in einer Welt zurechtfindet, in der die Kirche nicht auf alle seine Wehwehchen Antworten weiß, ihm keine Befehle gibt oder Lösungen anbietet. Wenn diese Menschen solche Hilfereichungen brauchen – einverstanden. Aber es gibt viele mündige Menschen, die sich selbst Gedanken machen, die sich in Freiheit für Glauben und für bestimmte Werte entscheiden wollen. Damit ist auch der ‚Geist des Konzils' umschrieben: einer der Offenheit und des Dialogs, und nicht, daß jemand, nur weil er ein Amt hat, automatisch auch den gottbegnadeten Verstand besitzt, alles besser zu wissen und anderen Vorschriften machen zu können. Aber das Große an der katholischen Kirche ist ja, daß man Gott lieben soll und die Kirche tolerieren muß." *(Fahrnleitner)*

Was ist der „Geist des Konzils"?

„Das Problem ist der berühmte ‚Geist des II. Vatikanums'. Was ist der ‚Geist des Konzils'? Der Geist ist ja nicht fixierbar. In dem Augenblick, wo er schriftlich niedergelegt ist, ist er ja nicht mehr der Geist." *(Dantine)*

Das Problem ist aktueller denn je. „Geist kontra Buchstabe" ist die Parole. Wer sich gegen die „Fehlinterpretationen" wehrt, zitiert Paragraphen; wer das Konzil als Aufbruch verstanden hat, beruft sich auf den „Geist" des Konzils, auch dort, wo eine Realisierung in Fragen eingefordert wird, die auf dem Konzil (siehe vorher) ausgespart geblieben sind und daher von den „Traditionalisten" unter Berufung auf den „Buchstaben" und das „Recht" verweigert wird. Dem „Geist" des Konzils zu entsprechen, ist sicher nur auf der Basis der auch dort praktizierten Offenheit und Kommunikations- und Dialogbereitschaft möglich. Mit der Ver-

Wirklichkeitsnähe

Wollen die einen im Unveränderlichen wohnen und fühlen sich daher in der Kirche des Konzils nicht wohl, begrüßen andere die Öffnung des Konzils und wünschen weitere Öffnung. Diese Gruppe ist unter denen, die Eingaben gemacht haben, erheblich stärker . . .

Wieder wird aus der Lektüre der Eingaben deutlicher, warum diese Öffnung erwünscht wird und wie sie geschehen soll:

Offenkundig haben diese Menschen Angst um einen Wirklichkeitsverlust der Kirche. Eine weltfremde Kirche aber würde ihnen die Möglichkeit nehmen, als „Weltmenschen" auch in der Kirche daheim zu sein. Die Forderung nach der Öffnung der Kirche ist somit ein Ausdruck ihrer Kirchenverbundenheit: Diese möchten sie aufrecht erhalten und wünschen daher, daß die Kirche in regem Austausch steht mit jener Alltagswirklichkeit, in der sie sich gern oder ungern bewegen.

Um die Wirklichkeitsnähe der Kirche sicherzustellen bzw. zu verbessern, wird eine Reihe von Wünschen geäußert:

- Viele verlangen „Demokratisierung" der Kirche; aber nicht aus einem Affront gegen die Autorität in der Kirche, sondern damit über die Beteiligung der Menschen die Wirklichkeit in der Kirche besser gegenwärtig sein kann;

- aus demselben Grund wird die Beteiligung von Frauen gefordert;

- viele wünschen aus gleichem Grund eine bessere Ausbildung der Priester, eine größere Nähe zum Leben der Menschen; Funktionärsgeist der Priester widerspricht dieser Forderung;

- besonders oft wird eine wirklichkeitsnähere Predigt gewünscht.

weigerung des Dialogs setzen sich die „Buchstabentreuen" ins Unrecht.
Was also bedeutet der „Geist" des Konzils? In der Beschreibung wird der Unterschied zwischen Buchstabentreue und Geistigkeit deutlich.

„Meinem Gefühl nach war es der ‚Geist des Konzils', aus einer dozierenden, verkalkten Kirche eine hinhörende, mobile, im Auftrag Gottes den Menschen dienende Einrichtung zu machen." *(Fahrnleitner)*

„Mit dem Schlagwort ‚Geist des Konzils' fange ich wenig an, außer es ist damit gemeint, was Sir Karl Popper die offene Gesellschaft genannt hat. Also zumindest Ansätze von Liberalität und Öffnen der Stadttore, daß die Bastionsmentalität, die Mentalität der belagerten Festung, etwas aufgegeben wird, daß man sozusagen die Umwelt hereinläßt und sich mit ihr auseinandersetzt. Wenn das mit dem ‚Geist des Konzils' gemeint ist, dann bin ich damit zufrieden. Man gibt ja nicht die eigene Identität preis, wenn man zur Kenntnis nimmt, was andere Menschen denken. Wenn das damit gemeint ist, dann ist es vielleicht ein ganz sinnvolles Schlagwort." *(Holl)*

„Der Geist des Konzils ist eine Wunderwaffe, die jeder in seinem Sinn gebrauchen kann, ohne beweispflichtig dafür zu werden, daß das in irgendeinem Dokument steht. Und darum kann ich mich darauf eigentlich nicht einlassen." *(Roegele)*

„Ich glaube, die Probleme sind dadurch entstanden, daß man das Konzil oft nicht nach seinem Selbstverständnis interpretiert hat, sondern daß so etwas erfunden wurde, das man den ‚Geist des Konzils' genannt hat. Aber dieser ‚Geist des Konzils' hat dann doch sehr oft nicht dem Selbstverständnis des Konzils entsprochen, oft war es nur eine gewisse subjektive Art, die Dinge zu sehen. Das Vatikanum II sagt ja zum Beispiel auch, daß den Bischöfen als Kollegium unter der Führung des Papstes eine Wahrheitsvermutung und eine bestimmte Wahrheitsverantwortung geschenkt wird, die sie auch wahrnehmen müssen. Es ist also entscheidend, in welchem Zusammenhang, in welcher Gemeinsamkeit und in welchem Kriterium etwas gesagt wird. Das ist die einfache Beschreibung des kirchlichen Lehramtes, das sich ja nicht darin begründet, daß jemand besonders viel weiß, sondern das sich auf die Verheißung Christi beruft: Ich gebe euch den Heiligen Geist, und dieser wird die Kirche nicht verlassen und sie auch substantiell nie in Irrtum fallen lassen." *(Krenn)*

Aus religionsphilosophischer Sicht stellt sich das Zweite Vatikanum für den Stuttgarter Philosophen *Günther Rohrmoser* – er

- Alle diese Wünsche wurden schon vom Konzil vorgebracht und werden daher in den Eingaben auch häufig unter Bezug auf das II. Vatikanische Konzil begründet.

Einheitsstiftende Kräfte

Je mehr Vielfalt wir aber im Zuge auch wachsender ökumenischer Offenheit wagen, desto behutsamer müssen die einheitsstiftenden Kräfte gepflegt werden. Einheitsbildend waren aber im Lauf der Geschichte weniger geschichtlich gewachsene Strukturen, sondern das gemeinsame Glaubenssymbolum sowie die großen sakramentalen Handlungen der Taufe und der Eucharistie. In all dem aber erhoffte etwa Paulus inmitten der dramatischen Parteiungen in Korinth in den Fünfzigerjahren des ersten Jahrhunderts die Einigung nicht durch autoritäre Interventionen, sondern durch die Rückbindung der Vielfalt an den einen Ursprung: Gott und seinen Heiligen Geist, der die Kirche gerade durch Vielfalt reich beschenkt hat (vgl. 1 Kor 12–14).

In eben dieser für die Kirche in Korinth sehr belastenden Auseinandersetzung kommt Paulus dann auf die Liebe zu sprechen. Sein Hoheslied der Liebe verfaßte er nicht zur romantischen Verzierung von Liebesgeschichten, sondern als eine handfeste Geschäftsordnung der Kirche für den Umgang mit dem Pluralismus, der schöpferischen und spannungsreichen Vielfalt. Er könnte auch in unseren Kirchentagen, in denen die Spaltung weniger aus der charismatischen Vielfalt, sondern mehr aus der Angst vor dieser entstanden ist, hilfreich sein. Der Grundtenor des hymnischen Lobpreises der Liebe ist nämlich, daß uns alles nichts nützt, wenn wir die Liebe haben.

In Österreich soll ein Weihbischof bei einer Diskussion von Akademikern gefragt worden sein, was er wählen würde, geriete er einmal vor die – theologisch übrigens letztlich ab-

hat vor kurzem das Buch „Religion und Politik" veröffentlicht – äußerst radikal dar:

„Der Kampf um die richtige Interpretation des Zweiten Vatikanums ist der aktuellste Punkt der Auseinandersetzung in der katholischen Kirche. Wenn wir den Prozeß, den das Zweite Vatikanum ausgelöst hat, mit in die Beurteilung des Konzil hineinnehmen, dann bedeutet es das Ende des paulinischen alten Christentums. Es ist ein gewaltiger innerer Vorgang der Transformation des geschichtlichen, traditionellen Katholizismus, ohne daß im Augenblick irgendeiner sagen kann, wo man dort ankommen wird. Was bedeutet Ende des paulinischen Christentums? Es bedeutet das Ende des Christentums als Erlösungsreligion, es bedeutet weiter, daß das biblische, an diese Tradition gebundene Gottesbild zusammenbricht – wenn wir etwa an die feministische Theologie denken –, und es bedeutet drittens, daß damit die zentrale Thematik des Christentums im Grunde genommen heute nicht mehr verstanden wird, nämlich die sogenannte Rechtfertigungsfrage, womit eigentlich der Gesetzesbegriff aus dem Christentum eliminiert ist."

Der „Geist" des Konzils wurde aus sehr unterschiedlichen Blickwinkeln aber auch noch anders erlebt.

„Das Ausmaß der Öffnung der Kirche war überraschend. Das hat es möglich gemacht, daß man über bis dahin tabuisierte Themen offen diskutieren konnte. Zum Beispiel die Abtreibungsfrage: vorher ist man niedergezischt worden, wenn man darüber sprechen wollte. Der Vorrang der Arbeit vor dem Kapital wurde anerkannt, und eine völlige Umkehrung hat sich dadurch ergeben, daß das Recht des Menschen auf Arbeit nun höher bewertet wurde als das Recht auf Eigentum." *(Blecha)*

„Für mich wichtig war die Betonung der Gewissensfreiheit, die ich immer für eine im katholischen Glauben selbstverständlich enthaltene, aber durch Jahrhunderte verschüttete Wahrheit gehalten habe. Daß das damals ganz klar herausgestellt wurde, war sehr wichtig." *(Schwarzenberg)*

Liegt nicht vielleicht in eben dieser Gewissensfreiheit der zentrale Punkt der Auseinandersetzung zwischen „Buchstabe" (= Gesetz + Gehorsam) und „Geist" (= Entscheidungsfreiheit + Verantwortung)?

„In Wirklichkeit war schon damals – und das gilt für mich bis zum heutigen Tag – ein Konzilsdokument zwar eine interessante Meinungsäußerung, aber keine Offenbarung. Es sind Formulierungen, die eine Richtung erkennbar machen, die aber auch das Ergebnis eines Kompromisses sind und vor allem nicht so verstan-

surde – Alternative: Wahrheit oder Liebe? Er entschied sich für die Wahrheit. Gewiß, wenn Gott Wahrheit und Liebe in einem ist, dann kann schon die gestellte Frage irreführend sein. „Amate scientiam, sed anteponite caritatem“ – Liebt die Wahrhheit, aber stellt ihr die Liebe voran, so der große Theologe und Bischof Augustinus. In ähnlicher Weise wagt auch Paulus eine Konkurrenz zwischen wichtigen Wahrheiten und der Liebe. Aber er entscheidet sich eindeutig für die Liebe:

„Und wenn ich prophetisch reden könnte
und alle Geheimnisse wüßte
und alle Erkenntnis hätte;
wenn ich alle Glaubenskraft besäße
und Berge damit versetzen könnte;

hätte aber die Liebe nicht,

wäre ich nichts.“

Die darauf folgenden Preisungen der Liebe könnten uns einen Ausweg aus dem gegenwärtigen Kirchenstreit zeigen, einen „anderen Weg, einen, der alles übersteigt“, so Paulus:

„Die Liebe ist langmütig,
die Liebe ist gütig.
Sie ereifert sich nicht,
sie prahlt nicht,
sie bläht sich nicht auf.

Sie handelt nicht ungehörig,
sucht nicht ihren Vorteil,
läßt sich nicht zum Zorn reizen,
trägt das Böse nicht nach.

Sie freut sich nicht über das Unrecht,
sondern freut sich an der Wahrheit.

den werden sollen, daß ich im täglichen Handeln nachschaue, wo steht, was ich jetzt am besten machen soll. Daher berührt es mich nicht sehr, ob ein Dokument sehr gut fomuliert ist oder Wünsche offen läßt. Tendenziell haben alle diese Dokumente, wie mir schien, in die richtige Richtung gezeigt, nämlich Beweglichkeit in eine erstarrte Organisation zu bringen.“ *(Feichtelbauer)*

Was ist geblieben?

Ordnung, Klarheit und Sicherheit sind offensichtlich die Werte, die die meisten österreichischen Katholiken von der Kirche erwarten. Bedeutet das nun Resignation für die anderen? Ist wirklich gar nichts vom Aufbruch, von der Erneuerung, vom „Geist des Konzils“ geblieben? Neigen wir nicht wieder dazu, nur das Spektakuläre wahrzunehmen und das „Stille“ zu übersehen? Oder uns vielleicht sogar viel zu sehr an jenen zu orientieren, deren Stil wir als nicht-konziliar empfinden, indem wir nur gegen sie reden, statt dort weiter zu handeln, wo es sinnvoll – und auch möglich – ist? Ist die Hoffnung nicht zu allen Zeiten der Motor dafür gewesen, das Licht nicht erlöschen zu lassen?

„Der Katholizismus versucht heute, die alten Bastionen, die eigentlich längst geschliffen sind, zu erhalten. Er müßte sich in Europa dazu entschließen, mit allen Konsequenzen die Reformation nachzuvollziehen, sich nun ohne Wenn und Aber auf den Boden des Freiheitsverständnisses von Luther zu stellen. Nur dann, glaube ich, hätte er in Europa noch eine Chance. Wenn wir beispielsweise an die beinahe surrealistische, gespenstische Diskussion denken, die dauernd um die Sexualmoral geführt wird! Ich habe für Traditionalisten ein gewisses Verständnis, aber ihre Position ist völlig hoffnungslos, weil die Menschen längst die Organe verloren haben, um überhaupt zu begreifen, wovon die reden. Darum werden sie durch ihre Versuche, an der tatsächlich eingetretenen Veränderung des Verhaltens und der Praxis der Menschen noch einmal den Daumen draufzuhalten, nicht nur nichts erreichen, sondern sogar das Gegenteil bewirken. Es ist die Stunde, in der es angebracht ist, von der herrlichen und königlichen Freiheit der Kinder Gottes zu reden und nicht von irgendwelchen Repressionen, Einschränkungen Regeln oder Gesetzen. Das ist vorbei.“ *(Rohrmoser)*

Weniger allgemein, und nicht nur in Fragen der Sexualität, gibt es Bereiche, wo sich die Spuren des Zweiten Vatikanums tief eingegraben haben. Allerdings: Passivität und Selbstmitleid – weitverbreitete österreichische Eigenschaften – schmälern die Spuren. Nur im Ausschöpfen der vorhandenen Möglichkeiten liegt die Chance, den „Geist des Konzils“ am Leben zu erhalten.

Sie erträgt alles,
glaubt alles,
hofft alles,
hält allem stand.

Die Liebe hört niemals auf.“

(1 Kor 12,31c-13,13)

„Das Gefühl, Volk Gottes zu sein, das ist geblieben, und das wird durch manche Entscheidungen von oben verletzt. Wenn ein Bischof, der mit der Diözese nichts zu tun hat, hineingesetzt wird, dann verletzt das dieses Gefühl der Leute. Das sind viel wichtigere Kriterien als fortschrittlich oder konservativ, das hat mit dem Volk Gottes vor Ort etwas zu tun. Daß das Konzil hier etwas an Bewußtsein geschaffen hat, das ist verankert." *(Krims)*

„Manches läßt sich nicht mehr zurückdrängen. Wer einmal erkannt hat, was er wert ist, dem kann niemand mehr sagen, daß er nichts wert ist. Ich glaube, der ‚Geist des Konzils' kann sich nur noch wie ein Bach, der eine Zeit lang unterirdisch fließt, hindurchretten. Ich hoffe, daß er stark genug ist; ich weiß es nicht. Man muß ein geistiges Klima schaffen, das den Geist überleben läßt. Es geht darum, daß die Leute zu jammern aufhören. Es gibt so viel Hervorragendes, das gedacht wird und gedacht werden darf! Die Leute sollen gefälligst denken." *(Gaisbauer)*

„Das Denken in eine mögliche Entwicklung wurde freigegeben, auch wenn die Realität diesem Denken weitgehend nicht nachgefolgt ist. Aber die Freigabe der Phantasie, was Kirche in einer modernen Gesellschaft sein kann, das ist es wahrscheinlich, was Johannes XXIII. und das Zweite Vatikanum bleibend verändert haben. Also nicht Strukturen, aber Phantasie." *(Pelinka)*

Phantasie aber nicht nur im kleinen, sondern auch im gesellschaftlichen Hier und Jetzt.

„Was mir sehr wichtig erscheint – und das ist eine Frucht dieses Konzils – , daß wir die uralte Tatsache entdeckt haben, daß dieses Reich Gottes, von dem wir im Vater-Unser beten, hier und heute in dieser Welt beginnt. Das Evangelium ist keine Jenseitsvertröstung, wie wir es früher manchmal gehört haben, diese Jenseitsvertröstung ist falsch und einseitig. Wenn wir uns aber einig sind, daß das Reich Gottes hier beginnt, dann müssen wir überall dort, wo Lüge ist, wo Ungerechtigkeit ist, wo Hungernde sind, wo Krieg geführt wird, sehr konkret auftreten. Wenn das Reich Gottes hier auf dieser Welt beginnt, haben sich Christen für Veränderung einzusetzen, für mehr Menschlichkeit, für mehr Gerechtigkeit, mehr Frieden, mehr Wahrheit, mehr Schuldvergebung – und das heißt Konflikt. Das ist Konzil. Man kann vielleicht von dem Baum, der seit dem Zweiten Vatikanum gewachsen ist, einige Blätter herunterreißen, aber den Baum kann man nicht mehr ausreißen." *(Ploier)*

„Ich glaube ja, daß das richtige Beten ein Sprechen mit Gott über das ist, was man tun sollte. Nicht beten: Herr, stopfe hundert Millionen hungernde Mäuler, sondern: Herr, laß mich erkennen, wie ich Hungernde vor dem Verhungern bewahren kann. Dadurch denke ich darüber nach, was man tun könnte, um die Strukturen zu ändern. Also ein Zwiegespräch mit Gott sozusagen, um den Erfordernissen der Stunde Rechnung zu tragen." *(Feichtelbauer)*

„Wenn Gott so ist, wie ich ihn aus der Heiligen Schrift entnehme, dann kann er nicht so spießig sein, wie ihn uns so viele traditionelle Kirchenleute darstellen wollen. Wir führen momentan Kriege an Fronten, die viele, die diese Kirche wirklich lieben, zutiefst enttäuschen. Wir sind derzeit ein Intrigantenstadl, um den man sich aber wenig kümmern sollte. Und wenn sich die Laien in ihrer Funktion im allgemeinen Priestertum um Angelegenheiten scheren, die sie oft besser können als jene, die ihnen Anweisungen geben, dann sollen sie das tun. Und sie sollen sich auch in die Dinge hineinmischen, die sie bei Gott eigentlich wenig angehen, nämlich in die fruchtlose Auseinandersetzung zwischen Funktionsträgern.
Ich habe einmal gelesen, daß das Vatikanum für viele Dinge den Samen gelegt hat und die Ortskirchen nun die Schwangerschaften austragen müssen. In der Realität ist es so, daß vieles für die pastorale Arbeit nur grundgelegt wurde. Zum Beispiel die Rolle der Frau. Daß hier Umbrüche passieren, die gegen den traditionellen männlichen Kastengeist in der Kirche laufen, ist klar – aus meiner Sicht: je rascher umso besser. Wir sind zu einem Klub geworden, in dem – ich sage das oft boshaft – die Männer in den Funktionen ganz oben und in den Kirchenbänken vereinzelt ganz hinten anwesend sind. Auch Fragen etwa der Gerechtigkeit, des Friedens. Das sind Anliegen, die heute mit sehr hohem Anspruch vor allem die Jugend ansprechen, die wie viele von uns noch an die Veränderung der Dinge glauben." *(Fahrnleitner)*

„Wenn Johannes XXIII. bei der Ankündigung des Konzils gesagt hat, er hofft, daß ein neues Pfingsten in die Kirche kommt, dann kann man heute nicht sagen, daß er sich getäuscht hat. Selbstverständlich war es ein neues Pfingsten in der Kirche. Und in der Apostelgeschichte lesen wir, wie erst nach dem ersten Pfingsten die Auseinandersetzungen und Krisen in der Kirche begonnen haben, aber daß sich Pfingsten letztlich doch durchgesetzt hat. So wird das auch mit diesem Zweiten Vatikanischen Konzil sein." *(Blasche)*

Aber nur dann – und das war ja das zentrale Anliegen des Zweiten Vatikanums –, wenn der Dialog auch mit jenen stattfindet, die – wie schon unmittelbar nach dem Konzil – seinem „Geist" nicht folgen konnten oder wollten. Viele von ihnen verweigern diesen Dialog. Aber gibt es nur Verweigerer? Warum fixieren wir uns nur auf die Funktionsträger? Gibt es nicht ebenso viele, die nur unsicher sind und sogar darauf hoffen, daß ihnen jemand dabei behilflich ist, die Hürde zu überspringen? Und – von all dem abgesehen –

„Wir auf Erden dürfen niemanden als Gesprächspartner ablehnen, auch wenn ein Gespräch manchmal im Augenblick sinnlos erscheint. Vor Gott sind wir alle miteinander noch eine reichlich miese Bande, aber zur Erlösung sind wir alle vorgesehen. Gott hat seinen Sohn nicht geopfert, damit nur ein Teil erlöst wird." *(Schwarzenberg)*

In Österreich neigen wir dazu, auch weltweite Ereignisse nur auf unser Land, unsere Bedürfnisse und unsere Interessen zu beziehen.

„Wir dürfen die Dinge nicht nur aus der Froschperspektive sehen. Es gibt eine ganz beachtliche Veränderung der katholischen Kirche in der Dritten Welt: Nicht nur die Befreiungstheologie, es gibt auch einheimische Theologien in Asien und in Afrika. Das sind Aufbrüche, die man zum Zeitpunkt des Zweiten Vatikanums noch gar nicht erkannt hat." *(Lüthi)*

Das Bewußtsein, daß es katholische Kirche auf der ganzen Welt gibt, ist rasch Allgemeingut geworden. Und die Reform des Gottesdienstes hat wesentlich dazu beigetragen, daß die katholischen Riten der Dritten Welt akzeptiert wurden.
Die heftigsten Diskussionen hat die „Theologie der Befreiung" ausgelöst.

„Es geht nicht um die Frage, daß die Kirche auf der Seite der Armen zu sein hat, das ist selbstverständlich. Das Problem in der Theologie der Befreiung ist, daß sie geglaubt hat, christliche Ziele mit äußerst unchristlichen Mitteln zu verwirklichen. Manche Verfechter der Theologie der Befreiung waren in der Situation, einer entsetzlichen Ausbeutung und manchmal entsetzlichen Diktaturen gegenüberzustehen, Zuständen, die wirklich grauslich sind. Dabei sind sie in radikale Positionen gedrängt worden, die tatsächlich bedenklich sind. Sie sind verständlich, aber deswegen nicht unbedingt richtig." *(Schwarzenberg)*

Seit der Abwahl der Sandinisten in Nicaragua, aber auch durch die Niederlage des Marxismus im ehemaligen Ostblock, haben die Diskussionen um die „Theologie der Befreiung" weitgehend aufgehört. Aber es wäre eine verkürzte Sicht, die internationalen Auswirkungen des Konzils auf die Befreiungstheologie zu reduzieren.

„Man kann sogar die Frage stellen, ob das Konzil nicht an gesellschaftlichen Aufbrüchen mitbeteiligt war, weil sich gerade durch den rechtzeitigen geistigen und bewußtseinsmäßigen Wandel des Denkens in der Kirche viele Christen befreit fühlten, auch gesellschaftliche Änderungen in Angriff zu nehmen, weil auch deutlich wurde, daß nicht alles, was bisher im Namen Gottes geschah, im Namen Gottes so bleiben muß. Es könnte also durchaus sein, daß das Konzil auch Mitursache ist an den gesellschaftlichen Veränderungen der letzten zwanzig Jahre, und abgesehen von wenigen ganz negativ denken Sozialwissenschaftlern wird ja niemand der Meinung sein, daß diese letzten Jahre für die Menschheit nur allein schlechte Entwicklungen und Ergebnisse gebracht haben." *(Zulehner)*

„Ganz wesentlich war das neue Bewußtsein, Weltkirche zu sein. Also einerseits Weltkirche, aber gleichzeitig – und das hängt ja damit unmittelbar zusammen – auch Ortskirche. Bis dahin war man sozusagen eine Filiale der riesengroßen Firma Rom, in der aber der Chef des Konzerns in Rom sagt, was zu geschehen hat. Und durch das Konzil, schon durch die Zusammensetzung, hat man gesehen: das ist keine Zentrale mit Filialen. Das sind eigenständige Ortskirchen, die zusammenkommen und auch Beschlüsse fassen können. Von da her ist die Kirche einerseits zu einer Weltkirche und andererseits im echten Sinne des Wortes zu einer Ortskirche geworden." *(Krims)*

„Aus meiner heutigen Sicht sehe ich, daß es bei den Vorgängen auf dem Konzil in erster Linie und als Hauptkonflikt darum gegangen ist, daß sich die Peripherie vom Zentrum emanzipieren wollte. Unter Zentrum sind natürlich Rom und der Vatikan gemeint, und unter Peripherie verstehe ich die zum Teil sehr vitalen Landes- und Nationalkirchen in der sogenannten Dritten Welt. An diesen Peripherien – es sind ja nur vom Zentrum aus gesehen Peripherien – wurde das Bedürfnis, nicht wegen jeder Kleinigkeit auf eine Unterschrift von einem greisen Kurienkardinal angewiesen zu sein, immer stärker. Jetzt zeigt sich für jedes unbefangene Auge, daß es notwendig wird, daß die Peripherie stärker wird als das Zentrum. Das hat sich auf dem Konzil angekündigt und ist heute immer noch aktuell. Ich glaube, daß das ein wichtiger Punkt ist, damit man auch den Wald erkennt und nicht nur die Bäume." *(Holl)*

LITERATUR

Karl Rahner/Herbert Vorgrimler: Kleines Konzilskompendium Sämtliche Texte des Zweiten Vatikanums mit Einführungen und ausführlichem Sachregister. 16. Auflage 1982. Herder

Ludwig Kaufmann: Damit wir morgen Christ sein können. Vorläufer im Glauben. Johannes XXIII. Charles de Foucauld. Oscar Romero. Herder 1984

Luitpold Dorn: Johannes XXIII. Auf ihn berufen sich alle. Styria 1986

Paul M. Zulehner: Wider die Resignation in der Kirche. Aufruf zu kritischer Loyalität. Herder 1989

Nadine Hauer/Peter Wesely: Alle reden vom Konzil 4-teilige Rundfunkreihe im Jänner 1989

Nadine Hauer: Menschenbilder vom Zweiten Vatikanum Rundfunksendung im Dezember 1985

GESPRÄCHSPARTNER

K = Konzilszeit H = Heute

Helmuth Blasche: K: schon Pfarrer in Schwechat
H: noch immer Pfarrer in Schwechat

Karl Blecha: K: Student, aktiv in der „Sozialistischen Jugend"
Später Vorsitzender der ACUS (Arbeitsgemeinschaft Christentum und Sozialismus)
H: Meinungsforschungsinstitut für ehemalige Ostblockländer „Mitropa"

Erhard Busek: K: Student, Zentralsekretär der „Katholischen Studierenden Jugend"
H: Wissenschaftsminister

Johannes Dantine: K: Student in Basel
Später evangelischer Pfarrer in Wien-Gumpendorf
H: Mitglied des Weltkirchenrates

Luitpold Dorn: K: Wurde von der Katholischen Presseagentur in Bonn als Journalist nach Rom geschickt. Hat dort ein deutschsprachiges katholisches Pressebüro aufgebaut.
H: Journalist in Rom

Friedrich Engelmann: K: Student, Redakteursaspirant beim Linzer Volksblatt
H: Herausgeber der Zeitschrift „Der 13."

Johann Fahrnleitner: K: Student, aktiv in der Katholischen Männerbewegung
H: Bundeskammer der gewerblichen Wirtschaft

Hubert Feichtlbauer: K: Redakteur in katholischen Zeitungen in OÖ, aktiv in der Katholischen Männerbewegung
Später u. a. beim „Kurier" und Chefredakteur der „Furche"
H: Pressereferat der Bundeskammer der gewerblichen Wirtschaft

Adolf Fugel: K: Student
H: Pfarrer in Utzensdorf/Schweiz

Hubert Gaisbauer: K: Student nach der Matura in einem katholischen Internat in Linz
H: Leiter der Abteilung Religion im österreichischen Rundfunk

Mario von Galli: K: Konzils-Journalist für viele deutschsprachige Fernseh- und Radiosender (Theologe, gebürtiger Wiener), gestorben 1987

Felix Gamillscheg: K: Innenpolitik-Redakteur der „Presse"
Später Chefredakteur der „Furche"
H: Mitglied des österreichischen Presserates

Walter Heinzinger: K: Aktiv in der Jungen ÖVP, Referent für Lehrlingsfragen, später steirischer Landesobmann
H: Abgeordneter der ÖVP im Parlament

Adolf Holl: K: Kaplan in Favoriten und Neulerchenfeld, Religionslehrer. Später Ausschluß aus beiden Funktionen
H: Schriftsteller

Hilde Holzer: K: In verschiedenen Bereichen der Kirche aktiv
H: Pensionistin

Walter Karlberger: K: Chef des Kirchenfunks im österreichischen Rundfunk
H: Pensionist

Ludwig Kaufmann: K: Jugendseelsorger In Basel, Konzils-Journalist für das Basler Volksblatt
H: Herausgeber/Chefredakteur der in Zürich erscheinenden „Orientierung"

Ingrid Klein: K: Studentin, Diözesanführerin in Wien, zuständig für die Mädchenarbeit in der Katholischen Jungschar
H: Vorsitzende der Katholischen Frauenbewegung

Herbert Kohlmaier: K: Nur interessierter Laie
H: Abgeordneter der ÖVP im Parlament

Franz König: K: Erzbischof von Wien, Mitglied der Vorbereitungskommission zum Konzil
H: „Pensionist"

Fritz König: K: Stadtjugendführer in Waidhofen/Thaya
H: Abgeordneter der ÖVP im Parlament

Herbert Krejci: K: Schon in der Vereinigung österreichischer Industrieller, hatte 1956 den Auftrag bekommen, für Theologen Informationen über Wirtschaft zusammenzustellen, 1958 Stellungnahme zum Katholikentag „Mensch in der Wirtschaft"
H: Generalsekretär der Industriellenvereinigung

Kurt Krenn: K: Student in Rom
H: Weihbischof, Referent für Kultur in Wien

Adalbert Krims: K: Student
Später Religionslehrer, Gründer der AKC (Aktion Kritisches Christentum)
H: Journalist

Anneliese Lissner: K: Chefredaketeurin einer katholischen Frauenzeitschrift, aktiv in der katholischen Gemeinschaft „Frau und Mutter"
H: Vorsitzende der Kath. Frauengemeinschaft Deutschlands

Kurt Lüthi: K: Pfarrer in der Schweiz, Universitätsprofessor in Bern
H: Professor an der evang.-theol. Fakultät der Univ. Wien

Alois Mock: K: Student, aktiv in der Katholischen Studentenbewegung
H: Außenminister

Josef Müller: K: Betriebsrat in einer Tischlerei mit 30 Arbeitern, aktiv in der Katholischen Arbeiterjugend
H: Funktionär in der Fraktion Christl. Gewerkschafter im ÖGB

Peter Musyl: K: Journalist in der Kath. Presseagentur in Wien
H: Noch immer in der Kathpress

Peter Pawlowsky: K: Student
H: Leiter der Abteilung „Religion" im Fernsehen (Sendung „Orientierung")

Anton Pelinka: K: Student
H: Professor für Politikwissenschaft an der Universität Innsbruck

Eduard Ploier: K: Aktiv in der Katholischen Landjugend, später in der Katholischen Männerbewegung in Linz und in der Katholischen Aktion
H: Leiter des Katholischen Bildungshauses Puchberg in OÖ

Otto Roegele: K: Journalist in Bonn, auch auf dem Konzil, schrieb das Buch: „Was erwarten wir vom Konzil?"
H: Journalist, Schriftsteller

Günther Rohrmoser: K: Dozent für Philosophie
H: Professor für Philosophie an der Univ. Stuttgart-Hohenheim

Rudolf Schermann: K: Priester (nach Flucht aus Ungarn 1956)
H: Priester, Herausgeber der Zeitschrift „Kirche Intern"

Johann Schima: K: Jurist
H: Jurist

Wolfgang Schüssel: K: Schüler, Katholische Jungschar
H: Wirtschaftsminister

Karl Schwarzenberg: K: Student. Engagement für „Pro Oriente"
H: Berater von CSFR-Präsident Vaclav Havel

Pater Seibel: K: Theologe, Journalist, während des Konzils in Rom
H: lebt in München

Rita Waschbüsch: K: Studentin, kirchliche Jugendarbeit
H: Präsidentin des Zentralkomitees der deutschen Katholiken, Landtagsabgeordnete in Saarbrücken

Johann Wilde: K: Schüler, Student,
H: Arzt, Vorsitzender des Vereins „Ärzte für das Leben" (Schutzpatron des Vereines ist das „Anderl von Rinn" in Tirol, dessen Kult vom Tiroler Bischof Stecher abgeschafft wurde

Paul Michael Zulehner: K: Student in Innsbruck
H: Professor für Pastoraltheologie der katholisch-theologischen Fakultät der Universität Wien